Hans-Dieter Schütt

Tankstelle für Verlierer

Gespräche mit Gerhard Gundermann

Gerhard Gundermann, geboren 1955, im Osten Deutschlands ein Sänger mit Kultstatus, starb in der Nacht vom 21. zum 22. Juni 1998 in Hoyerswerda. Ein unerwarteter Tod. Über zwanzig Jahre arbeitete »Gundi« in einem Braunkohletagebau der Lausitz. Er fuhr Bagger – und sang. Romantisch-rauhe Lieder, aufsässigen Rock. Er war so ziemlich alles, was man in der DDR sein konnte: Oberschüler und Hilfsarbeiter, Offiziersanwärter und Befehlsverweigerer, SED-Genosse und -Verfemter, renitenter Kumpel und IM, und: ein grandios geistsprühender Spinner in der Nachfolge produktivster Taugenichtse. Titel seiner LPs und CDs, erschienen beim Musikverlag und -vertrieb Buschfunk Berlin: Männer, Frauen & Maschinen; Der 7. Samurai; Einsame Spitze; Frühstück für immer; Engel über dem Revier; Krams – Das letzte Konzert. Seine Lieder erzählen von der Schwere und dem Sinn der Arbeit, von gefährdeter Natur und rebellischem Gewissen gegen Endstand, Notstand, Stillstand.

Informationen zum Verein »Gundermanns Seilschaft« unter: www.gundi.de

Der Journalist Hans-Dieter Schütt hat zwischen 1995 und 1997 den Sänger mehrfach interviewt. Daraus entstand das Buch »Gerhard Gundermann: Rockpoet und Baggerfahrer«, das zwei Auflagen im Verlag Schwarzkopf & Schwarzkopf erlebte, aber seit langem vergriffen ist und zu einem Vermächtnis »Gundis« wurde. Es enthielt neben den Interviews und einigen Dokumenten zahlreiche Liedtexte sowie kurze Prosa Gundermanns.
Das vorliegende Buch versammelt noch einmal die Gespräche mit Gerhard Gundermann – Erinnerung an einen großartigen Menschen und Künstler.

Hans-Dieter Schütt

TANKSTELLE FÜR VERLIERER

Gespräche mit Gerhard Gundermann

Eine Erinnerung

Dietz Berlin

Die Verse von Volker Braun sind dem Lyrikband »Provokation für mich«, Halle/Saale 1967, entnommen. Der Text »Die Leute von Hoywoy (2)« aus: »Wir befinden uns soweit wohl. Wir sind erst einmal am Ende«, Frankfurt/Main 1998. Die Veröffentlichung erfolgt mit freundlicher Genehmigung des Autors.
Der Text »Schmerzen der endenden Art« von Jurij Koch ist, mit freundlicher Genehmigung des Autors, dem Buch »Jubel und Scherz der Mandelkrähe. Ein Report aus der sorbischen Lausitz«, Bautzen 1992, entnommen. Kochs Text bildete die Idee für den Dokumentarfilm »Die Schmerzen der Lausitz« von Peter Rocha, 1989/1990.
Dank an Robert Krauss, Berlin.

Mit 7 Abbildungen: Ulrich Burchert, S. 58; Ute Mahler/OSTKREUZ, S. 126, 170; Thomas Neumann, S. 10, 104, 171; Hans-Dieter Schütt, S. 144

Bibliografische Informationen der Deutschen Nationalbibliothek
Die Deutsche Nationalbibliothek verzeichnet diese Publikation in der Deutschen Nationalbibliografie; detaillierte bibliografische Daten sind im Internet über http://dnb.dnb.de abrufbar.

4. Auflage 2023

Franz-Mehring-Platz 1, 10243 Berlin

Umschlagfoto: Thomas Neumann
Umschlag: Heike Schmelter
Satz: Jörn Schütrumpf
Druck und Bindung: CPI, Leck
Printed in Germany

ISBN 978-3-320-02352-2

und ich habe keine zeit mehr
räuber und gendarm zu spielen
den ämtern meine
treue hinzutragen
und rauchende motoren
mit meinem blut zu kühlen
und noch mal eine liebe auszuschlagen

GERHARD GUNDERMANN
(aus: »keine zeit mehr«)

G. ist der Meinung, daß es in Parteibeschlüssen bei uns für »leitende Funktionäre der Partei« einer »bestimmten« Ebene (Politbüro) eine Art Heiligenschein gibt und eine Atmosphäre der Unfehlbarkeit erzeugt wird. Die führende Rolle ist nur da, um bei einigen Funktionären die Autorität, »die gar nicht da ist«, zu erhöhen. Sein Standpunkt ist, man muß es mit Marx halten und an allem zweifeln, da machen auch Beschlüsse der Partei keine Ausnahme. Gen. Gundermann akzeptiert nicht, daß Marx das bestimmt nicht gemeint hat, als er das sagte.

Kreisparteikontrollkommission, Spremberg, 1984

Während der Abstimmung äußerte sich Genosse S. mit dem Zwischenruf »So einfach ist das also« und enthielt sich der Stimme. Die Versammlung beschloß, den Klärungsprozeß mit Gen. S. (Erziehungsgespräch) fortzusetzen. Damit ist Gen. Gundermann mit Mehrheitsbeschluß der APO-Mitglieder des Kohlebandbetriebes des Tagebaus Spreetal-Nordost aus den Reihen der SED ausgeschlossen.

SED-Grundorganisation, 1984

Aufgrund eines Materials, das von seinen Verfassern als »Fakten« ausgegeben wird, wurde ich durch APO-Beschluß aus der SED ausgeschlossen.
Das Dokument der SED ist für mich Symbol der Zugehörigkeit zum organisierten internationalen Kampf des Proletariats um Revolution und Kommunismus. Da ich in diesem Kampf nie abseits stand, stehe und stehen werde, und zwar als Marxist, sehe ich keine Veranlassung, das Dokument abzugeben.

Gerhard Gundermann, 1984

»seht wie die engel sich am sauberen himmel/ drängeln über dem revier/ sie müssen fort inne andere welt einen anderen ort/ so wie viele hier/ so wie wir«

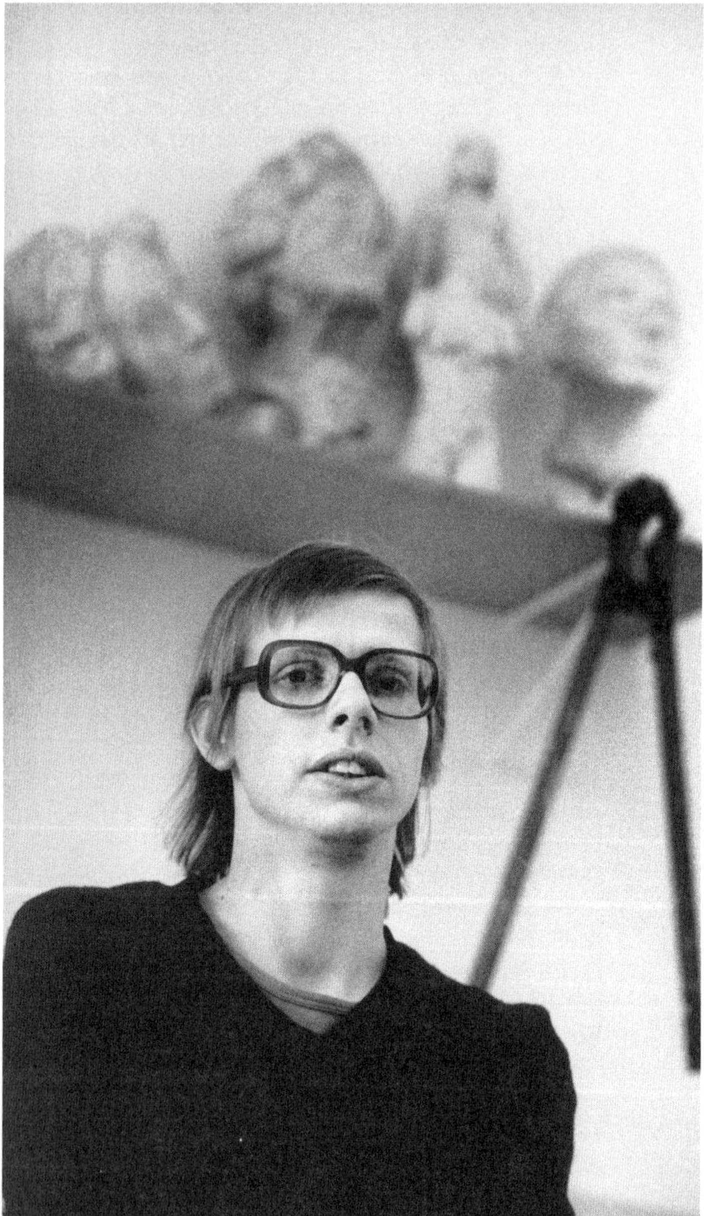

Hans-Dieter Schütt

Die Medaille ist eine Kugel

Erst werden die Schutzengel über dem Revier arbeitslos, dann stirbt der Mensch. Sterben? Nein. Gerhard Gundermann hat ein Werk geschaffen – nun wartet er. Auf Wirkung, die nicht ihn, sondern uns prüft. Warten ist die souveräne Haupttätigkeit eines Poeten – auch dann, wenn leichtfertig behauptet wird, er sei gestorben. Wahre Zeitgenossenschaft ist etwas, das kommt nicht aus aktuellen Kalendern, das geht durch die Zeiten, das hebt die Trennung von Gegenwart und Vergangenheit auf.

Am 14. Juni 1998 gab Gundermann in dem kleinen Prignitz-Dorf Krams ein Konzert, das sein letztes werden sollte. Unmittelbar zuvor hatte er in Hoyerswerda den 20. Geburtstag der »Brigade Feuerstein« mitgefeiert, jenes Singeklubs, mit dem sein künstlerischer Weg begonnen hatte. Eine Woche später, in der Nacht vom 21. zum 22. Juni: Hirnschlag zu Sommeranfang. Plötzlich schien jedes Wort, jedes Lied auf diesen blöden Schluß zugelaufen zu sein.

Seltsam, daß wir uns den Wahrheiten des Lebens nicht a priori, nicht neugierig zuwenden. Weil es zu viele Sager dieser Wahrheiten gibt – und zu wenige Sänger. Sagen lassen sich die Leute nichts, erzählen alles. So der Dichter B. K. Tragelehn. Gundermann spürte den ganz eigenen Tönen seines Lebens nach, und was passierte? Andere, viele hörten erstaunt zu, und noch erstaunter fragen sie: Woher weiß der das von mir? So einer war »Gundi«, und mit einem Mal, mit einem Lied und noch einem und noch einem war Leben wirklich etwas, das man miteinander teilen mochte.

Es ist geradezu verführerisch, dem Tod in Äußerungen und Texten dieses Dichters nachzuspüren. Tod? Möglicherweise hat sich Gerhard Gundermann nur zusammengefaltet wie die Karte eines Landes, in das er nicht mehr reisen würde. Franz Kafka hielt sein Leben für ein Zögern vor der Geburt. Befragt nach der Hoffnung auf ein Jenseits, antwortete Gundermann: »Die Frage impliziert erstens die Festlegung, wir befänden uns im Diesseits, und zweitens die Behauptung, es gäbe nur zwei Seiten. Ich sehe das anders, ich denke: Alles hat ein Ende, nur der Durst hat keins, und außerdem ist die Medaille eine Kugel.«

Seine Lieder wurden mit der Zeit immer greifender, die Journalistin Birgit Walter hat das so formuliert: »Seit er mit den Komponisten Uwe Hassbecker und Rüdiger Barton von Silly arbeitete, die seiner Musik das Brachiale und Krautige nahmen, sind ihm einige der schönsten deutschen Rockballaden gelungen.« Thema dieser Poesie ist immer ein anderer Zustand von Leben, ist die Suche nach der anderen Dimension, vor der man auch erschrecken konnte, weil unsere Begrifflichkeit oft langsamer gewesen ist als Gundis Phantasie. Vieles, was er dachte und sagte, wäre als noch weit ungeheuerlicher wahrgenommen worden, wenn er nach manchem Gedanken nicht so wunderbar relativierend geschnieft hätte. Aber wie soll einer nicht heiter über Unendlichkeit und Tod reden, der sich bei dem, was er tut, ganz natürlich und mit rasendem Willen selber aufzehrt, der sich also täglich, stündlich, minütlich selber auflöst in allem, was er anpackt. Sterben? Eins sein mit allem! Hölderlins Traum von Vollkommenheit.

Gerhard Gundermann war ein Mensch, der sich öffnete. Öffnung ist ein Tätigkeitswort. Es ist Arbeit gegen den natürlichen Impuls, sich zu verbergen, Dinge auszublenden. Er konnte nicht anders leben als schutzlos. Das hat ihn hervorgebracht. Das hat ihn zerschlissen. Das hält ihn groß. So, wie er Avantgardist des sozialistischen Engagements war, des unablässigen Drachentötens, so wurde er nach den Abenteuern dieser ständigen Vergesellschaftung des eigenen Ichs ein Avantgardist der Melancholie, des Sinnwandels im Empfinden von Verlusten. In seiner Poesie, er wußte ja nicht, daß er auf einen frühen Abschied zuschrieb, tauchten mehr und mehr die letzten Dinge der Existenz auf, als seien sie ein einziges Blühen. Und sind und bleiben doch traurigste Dinge. Über die Menschen »ausm tagebau« schrieb er: »die haben harte hände und ein hartes herz / die streiten ohne ende und die sterben früh / die suchen ein vergnügen / und finden nur den schmerz / die können lügen aber leben können die nie.« Es ist, als habe jemand von den Antworten zurück zu den Fragen gefunden, es ist dies stets die schwierigste Expedition. Gundermann war, nein: ist – ein großartiger Dialektiker. Der darüber lächeln kann, daß die weit entfalteten Schwingen unseres Denkens immer auch die schwärzesten Schatten werfen.

Von Johannes R. Becher gibt es eine treffliche Definition für Begabung: Es sei die Fähigkeit, in gesellschaftlich aufschlußreiche Situationen zu geraten. Gundermann, das war Tagebau, Bühne, Armee, Stasi, Umschulungswerkstatt – trächtige Orte für gesellschaftlich sehr aufschlußreiche Situationen. In denen er als Erfahrungssüchtiger lebte. Er war immer Günstling und Gegner zugleich. War so unbenutzbar, wie er besessen darauf war, nützlich zu sein. War so unkäuflich wie drängend darauf aus, seinen Beitrag zu leisten. War nie bereit, bloß die Strichfassung seiner Sehnsüchte zu leben. Aus Enttäuschungen ging er nicht fliehend, sondern arbeitend. Denn nichts ist morgen vorbei; Aufbau ist Arbeit am Ruin. Vieles bleibt, wie es nie werden sollte? Manches freilich möge sich niemals ändern: etwa, daß man für ein Ziel quer über die richtungbestimmenden Gleise geht. Eine Gangart Gundermanns. Er spielte Gitarre. Nur Holzwege machen eine Gitarre möglich. Am Schluß war der arbeitslose Baggerfahrer ein Umgeschulter: ein Tischler.

Ein asketischer Weltbenutzer. Erweckbar, erreichbar für die Utopie, daß eines Tages die Glashäuser der Effizienz und der Effektivität kapitulierwillig nach dem ersten Stein flehen. Er warf immer schon. Sich selber. Stürzte. Viele stürzen nieder. Von ihm aber sagte man noch dort, wo Aufprall geschah: Flug! Das widerfuhr einzig Ikarus. Ich höre die Töne: »Engel über dem Revier«.

Sein Werk weiß viel vom Leben. Es ist große deutsche Dichtung – ich hab's nicht kleiner, will's nicht kleiner. Er schrieb: »hier bin ich geborn / so wie ins wasser fiel der stein / hier hat mich mein gott verlorn / und hier holt er mich wieder ein.« Und den Fährmann sieht er, wie Wilhelm Müller und Franz Schubert in der »Winterreise« den Leiermann sahen, und dieser Fährmann nimmt die »bleichen seelen« ins Boot, die wollen »weg vom hunger, weg vom durst / weg vom schnaps und von der wurst / weg vom geld und weg vom salz / weg vom fenster und vom hals«. Es liegt ein so trauriges Zittern in diesen Versen. »Und er läßt es gehen / Alles, wie es will.«

Gundermann lesen, an Schuberts »Winterreise« denken. Wilhelm Müller lesen, Gundermanns Lieder hören. Gott, Tod, Abschied, Erlösung. »Die Dinge mehren sich, die ich nicht begreife: Ich bin lernfähig.« Er hatte eine herrliche Freude daran, sich nicht zu ernüchtern. Ermüdung, das ja. Ermüdung ist der Anfang von Weisheit. Untauglich für Anfänge, aber aus Anfängen werden Heimwege. Die führten bei Gundermann von der Drachentötung zur Demut, von Lanzelot zu einem Denken im Lot, ohne alle Lanzen – es weitete seine Poesie. Man muß die Welt nicht leben, wie sie uns gern hätte. Aber man kann die Welt gern haben, indem man sie und sich selbst reich hält an Unerforschlichem. Und sich in Gelassenheit übt. »seltener verläßt mein herz den mund / zögernd strecken sich die hände / in den straßenstaub für einen fund / langsam lieb ich meine wände.«

Gundermann liebte in besonderer Art den Wald: Treue zu Bäumen, die nicht in den Himmel wachsen, aber doch jede und jeden beschirmen, gehörte für ihn zum Naturschutz. Und Dichter erzählen dir, was Schönheit ist: wenn das Leben an gefährdeten Stellen Glück hat. Die gefährdeten Stellen bleiben. Das Glück nicht. Aber jetzt hast du ein Bild davon. Bleib wach in den Rätseln, die es aufgibt. »ich bin nicht hier um zu gewinnen / ich bin am leben um es zu verliern / wo nichts verloren wird / ist nichts zu finden / und wer sich wärmen will muß erstmal friern.« Gerhard Gundermann.

April 2018

Baggerfahrer und Rocksänger

Das erste Gespräch

Und nach der Nacht der tausendblättrigen
Scharteken möchte ich lauwarmes
Schmieröl trinken gegen den Wortstaub:
Ach, den Rauch der Betonschlote ließ ich
hinter mir
Und den tierischen Schrei der Eimerketten
Dem Lärm der Großblöcke entkam ich:

Seltsam – auch die Vögel in den Wolken
blieben zurück
Und der Tau glimmend im Klee

VOLKER BRAUN

GERHARD GUNDERMANN: Darf ich erst mal was sagen, ehe du deine Fragen stellst?

HANS-DIETER SCHÜTT: *Klar.*

GERHARD GUNDERMANN: Baggerfahrer und Rockpoet – das kotzt mich an. Immer habe ich Journalisten gesagt: Was grundsätzlich ausfällt, ist die Nummer vom singenden, klingenden Baggerfahrer. Ich bin kein Vorzeigeprolet. Die Leute kommen, um Lieder zu hören. Da ist es doch egal, ob ich Zähne ziehe oder Brötchen backe. Von Braunkohle werden meine Lieder doch auch nicht besser.

HANS-DIETER SCHÜTT: *Stimmt. Aber so oft kommt nicht vor, was du lebst. Und ich wage die These, daß der Sänger ohne den Tagebaumenschen nicht geworden wäre, was er ist. Außerdem mußt du doch zugeben, daß es deiner Eitelkeit sicher ganz gutgetan hat, daß du nicht dein Brot verdienen mußtest mit dem, was du singst. Ich könnte dir jetzt ein Zitat von Gundermann vorhalten, da kommen ganz andere Töne rüber.*

GERHARD GUNDERMANN: Bitte.

HANS-DIETER SCHÜTT: *»Ich habe nicht nur einen einzigen Traum, ich habe fünf Träume: Ich will ein Arbeiter sein, wie ich mir das vorstelle; ich* *will ein Vater sein, wie ich noch lange keiner bin; ich will SO'N Mann sein; ich will ein Sänger sein, und ich will so'n Ding sein zwischen Clown, Schreiber und Regisseur. Das alles geht aber nur in dieser Zweigleisigkeit von Baggerfahren und Musik machen. Das ist wie Motor und Getriebe. Der Motor ist das, was ich auf dem Bagger mache, und das Getriebe ist das, was ich mit der Gitarre mache.« Gundermann 1989.*

GERHARD GUNDERMANN: Ich kann jetzt tausend Sätze sagen, der einfachste ist: Ich will das Brot für meine Familie mit der Arbeit meiner Hände verdienen. Und wenn ich ein Honorar fürs Singen bekomme, kann ich das für 'ne neue Gitarre ausgeben. Mir ist lieber, ein Konzert abzusagen, weil ich Schicht habe, als irgendwo rumzubetteln, ob ich nicht ein Konzert machen könnte. Man muß sich weit verbiegen, um überleben zu können mit Kultur. Das will ich nicht. Für Brot will ich nicht Kunst machen müssen, und ich weiß, daß das inzwischen ein Glücksfall ist. Viele Kollegen haben diese Wahl nicht. Der Beruf des Baggerfahrers, in dem ich arbeite, ist zudem noch relativ gut bezahlt. Weil es Schichtarbeit ist und Drecksarbeit. Die Kumpel im Westen kämpften seit vielen Jahren hart darum, daß es viel Geld gibt für so eine Arbeit. Aber bald wird Sense sein: Noch in diesem Jahr ist die Grube leer, ausgekohlt. Unterm Strich bleibt, die Arbeit, die ich auf dem Bagger mache, die mußte getan werden, und ich wollte es einfach nicht besser haben als andere.

HANS-DIETER SCHÜTT: *Du wolltest es härter haben? In deinen Liedern klang eine Zeitlang vieles ziemlich arbeitsromantisch; da kam noch was rüber von dem Aufbau-Pathos, mit dem vor über dreißig Jahren der Philosophiestudent Volker Braun nach Hoyerswerda zog, um »Hoywoy« aus dem Boden zu stampfen. Männer, Frauen und Maschinen – das magische Dreieck. Der Traum vom Abenteuer.*

GERHARD GUNDERMANN: Ja. Obwohl das hart ist im Tagebau und ich ja nun nicht gerade Herkules bin – wenn ich zwei Wochen lang im Urlaub war, zog es mich wieder hin, zu den Kumpeln, zu den Sternenhimmeln bei Nachtschicht, zum Schlamm und zu den Baggern. Lange dachte ich, es ist nur die Arbeit, die mich hinzieht. Aber es waren eben auch die Kollegen. Obwohl ich nicht von Anfang an angenommen wurde und die Leute vom Tagebau mich für einen Verrückten hielten.

HANS-DIETER SCHÜTT: *Im Filmporträt, das Richard Engel 1982 für das DDR-Fernsehen produzierte, sagt Brigadier Peter Schmidt, alles rund um den Bagger sei entsetzt gewesen, habe den Kopf geschüttelt und gefragt, wo der Mann bloß herkomme.*

GERHARD GUNDERMANN: Als ich ankam mit Geigenkasten und Frühstück drin, da waren die ziemlich erschrocken, die Leute am Bagger, stimmt. Für voll haben die mich nicht genommen. Wenn man von der Armee kommt, wie ich damals …

HANS-DIETER SCHÜTT: *Wir kommen darauf zu sprechen.*

GERHARD GUNDERMANN: Als ich von der Armee kam, wollte ich mich richtig ausleben, einen Haufen Geld verdienen, tanzen gehen und nicht auf Versammlungen rumhocken oder »Quallefizierung« machen. Die Erbärmlichkeit meiner Arbeitsleistung fiel da auch nicht weiter auf, weil unsere Brigade zu einem Drittel aus solchen Nappsülzen bestand, die viel wollten und wenig konnten. Aber es gab einen ziemlich harten Kern von Arbeitern aus altem Holz. Ich fühlte mich zu diesen Leuten hingezogen, zu ihrer Sicherheit, ihrer Seriosität, ihrem Überblick in komplizierten Lagen. So wollte ich sein. So war ich aber nicht. Also doch: Facharbeiter in der Abendschule, Baggerfahrerlehrgang, Gewerkschaftskulturnick. Den Mangel an Erfahrung versuchte ich auszugleichen durch ein Übermaß an Einsatz. Wenn's um Überstunden ging oder irgendwo ein übergroßer Haufen Kohle danebengefallen und ein »Weiberarsch« in der Nähe war …

HANS-DIETER SCHÜTT: *… ein Weiberarsch?*

GERHARD GUNDERMANN: So heißt die große Schaufel, deren Blatt aussieht wie, na eben wie ein Weiberarsch. Also wenn so eine Arbeit anlag, schnippte ich eifrig mit den Fingern. Und kam auch dran. Paar Monate lang machte ich fast keine Pausen, vermied jeden Aufenthalt im Mannschaftsraum. Und ein innerer Vorbeimarsch war es für mich, als ich zufällig mal beim Umziehen zwei meiner ärgsten Widersacher hörte, wie sie sich über mich unterhielten, und der eine sagte: Der Gundermann ist zwar ein Arschloch, aber seine Arbeit macht er. Daß ich am Ende doch richtig zu Hause war auf dem Bagger und bei den Leuten – das merkte ich, als alles auseinanderfiel. Beziehungen verlor ich, die über zwölf, fünfzehn Jahre aufgebaut worden sind. Seit fünf Jahren gibt es bei uns ein ständiges Abschiednehmen. Der Letzte, von dem ich sagen könnte, er war ein Freund, mußte zu Silvester '95 gehen. Jetzt gibt es nur noch Zweckbündnisse gegen die da oben. Ansonsten jeder gegen jeden und alle gemeinsam gegen den, der gerade nicht da ist. Wenn ich da an unsere Jugendschicht denke! Das ist fünfzehn Jahre her. Zusammen mit den Leuten vom Jugendklubhaus haben wir den großen Saal renoviert. Bei vollem Betrieb. Also wir nach der Spätschicht hin, noch 'n Bier oder den Rest vom Film, als die Leute raus waren kurz vor Mitternacht, eine Wand Tapete runter, Tapete ruff, aufgeräumt und ab nach Haus so etwa früh um dreie. Um zwölfe wieder hoch, auf Spätschicht, danach ins Jugendklubhaus, noch 'n Bier oder den Rest vom Film ... Bis es fertig war. Und wir auch. Aber wir fühlten uns gut. Sehr gut sogar. Irgendwann fiel uns auf: Warum sitzen eigentlich die großen Kerle im Fahrerstand und drücken kleine Knöpfchen, und die kleinen Mädels werkeln draußen rum mit großen Kabelhaken? Wäre doch besser umgekehrt. Und obwohl das nicht üblich war mit weiblichen Jungbaggerfahrerinnen – weil: der Bergbau ist ja keine Schokoladenfabrik –, haben die Männer begonnen, sich selber zu entmachten. Die Grundlagen für das Matriarchat wurden gelegt. Zumindest in unserer Schicht.

Hans-Dieter Schütt: *So was erlebt man nur einmal?*

Gerhard Gundermann: Es ist vorbei. Die Arbeitsbedingungen haben sich enorm verschlechtert. Es geht aufs Ende zu im Tagebau. Die Kohlemuckels haben bald ausgedient. Nur in der Chefetage haben ein paar die Chance, weiterbeschäftigt zu werden.

Im Altbergbau oder in der Verwaltung der ehemaligen Bergbauflächen. Und so beginnt zur Zeit das große Rennen um günstige Ausgangspositionen. Wir wechseln die Cheffchens schneller als die Hemden, es kommen Leute mit immer weniger Kompetenz und Interesse. Sitzt zum Beispiel der Obersteiger im Büro und grübelt. Er will aufschreiben, daß der Bagger 1439 die Kohleflanke ausbaggern soll, und zwar bis zum roten Pfahl. Aber er weiß nicht, wie das Wort »Pfahl« geschrieben wird. Der Ingenieur. Schreibt er also: Phal. Sieht blöd aus, denkt er. Also: Fahl. Geht auch nicht, glaubt er. Da kommt der Technologe ins Büro, sieht ihm über die Schulter und schlägt dem Obersteiger erfreut auf die Schulter: Und ich dachte schon, nur ich hätte das Problem. Weißt du, sagt er, wenn ich nicht weiß, wie was geschrieben wird, dann mal ich's immer hin. Also malt der Obersteiger den Pfahl hin. Das kann er ganz gut.

HANS-DIETER SCHÜTT: *Als du 1984 im Tagebau aus der SED ausgeschlossen wurdest – wie war die Reaktion am Arbeitsplatz? Ging alles normal weiter oder spürtest du Distanz, unangenehme Blicke, Verachtung?*

GERHARD GUNDERMANN: In meiner Parteigruppe hatte ich Leute, mit denen ich gut zusammenarbeitete. Diese Leute sind weggegangen, dadurch kam der Ausschluß, denn abgestimmt über mich haben andere, gleichsam Fremde. Auf die war ich erst mal sauer, weil sie den Ausschluß mit einem Minimum an Information und an Zeit durchgezogen haben. Halb viere fuhr der Bus! Die waren sich gar nicht bewußt, daß sie mir eine schwere Verletzung zugefügt hatten. Die faßten sich an den Kopp, daß ich alles so ernst nahm. Die Mitgliedschaft und den Ausschluß. Sie trösteten mich: Sei froh, brauchste keinen Beitrag mehr zu bezahlen. Später bürgerte sich ein, daß alle, die ein Parteiverfahren am Hals hatten oder mit irgendwas nicht einverstanden waren oder gerne austreten wollten aus der SED, sich aber nicht trauten, oder eintreten wollten, und sich das auch nicht trauten – daß die zu mir kamen, um sich zu beraten. Ich war jetzt Fachmann. Auch parteipolitisch.

HANS-DIETER SCHÜTT: *Konntest du in der DDR etwas mit dem landläufigen Begriff Arbeitermacht anfangen?*

GERHARD GUNDERMANN: Klar konnte ich. Anfangs nahm ich solche Begriffe als gegeben hin und als Tatsachen, über die man nicht nachdenken muß. Später kam ich dahinter, daß es nur Behauptungen waren, die wir zu realisieren hatten. Wenn wir überleben wollten. Zum Beispiel die beliebte These von der Unumkehrbarkeit der sozialistischen Errungenschaften auf deutschem Boden. Da hab ich immer gekontert mit Marx, der sagte, daß ein neues Gesellschaftssystem das alte erst besiegt hat, wenn es eine höhere Arbeitsproduktivität hervorbringt. Und da das, wie wir wußten, nicht so war, wollte ich mittun an der Erhöhung dieser Produktivität. Also Arbeitermacht, das heißt für mich: Jeder macht seine Arbeit. Alles im Sinne der Pariser Kommune: Regierungsarbeit ist für Arbeiterlohn zu leisten. Und auch im Sinne von: Die Arbeiter müssen die Macht selber ausüben, keine Stellvertreter-Demokratie. Daß die SED der dafür ungeeignetste Laden war, merkte ich in einem Gespräch bei der Parteikontrollkommission. Als ich versuchte, gegen meinen Ausschluß Revision einzulegen. Bei der Gelegenheit erklärte mir ein eigens zu diesem Zwecke herbeigereistes Mitglied der Zentralen Parteikontrollkommission, daß ich dankbar sein solle für die Führung durch Erich Honecker. Darum würde uns ganz Europa beneiden. Ich solle mir keine Gedanken machen um die Politik; die da oben machten ihre Arbeit, ich sollte die meine machen. Dieses Grundvertrauen war bei mir aber erschüttert, seit ich ein Interview mit Erich im »Neuen Deutschland« gelesen hatte. Er wurde gefragt, ob es in der DDR Maßnahmen des Arbeitsschutzes gegen die Auswirkungen von Tschernobyl gab. Er antwortete, daß die Honeckers zu Hause neun Kinder waren, und die Mutter hat das Gemüse immer unter fließendem Wasser abgespült, so daß nie einer krank geworden ist. Da wußte ich, was die Stunde geschlagen hatte. Ein Begriff, über den ich auch lange nachgedacht habe, war: Volkseigentum. Ich versuchte immer rauszukriegen, was der Unterschied war zwischen der Schubkarre im Betrieb und der Schubkarre im Garten. Wenn die Karre im Betrieb kaputtging, freute sich der Mann, denn es bedeutete für ihn: Pause. Ging die Karre im Garten zu Bruch, ärgerte sich der gleiche Mann, weil es nicht vorwärtsging. Auch das Wort vom Volkseigentum war nur eine Behauptung. Die Realität hieß: Staatskapitalismus. Der Unterschied zwischen Betrieb und Garten bestand darin, daß der Produzent die Art des Produkts, die Herstellungstechnologie und die Verteilung sowie Höhe und Einsatz des Gewinns selber verantworten mußte. Im Garten. Deshalb war der sein Eigentum. Der Betrieb nicht.

HANS-DIETER SCHÜTT: *Was ist für dich Genuß?*

GERHARD GUNDERMANN: So leben zu können, wie ich das eben gesagt habe. Genuß hat für mich viel mit Arbeit zu tun. Früher vielleicht sogar mehr als heute. Genuß. Das ist auch Phantasie, Neugier, Teamwork, sich verausgaben, die blitzartige Erkenntnis eines lange gesuchten Zusammenhangs.

HANS-DIETER SCHÜTT: *Was denkst du selbst über dich: Wie hat sich Gerhard Gundermann verändert mit den Jahren?*

GERHARD GUNDERMANN: Früher legte ich sehr prononciert Wert darauf, etwas anders zu sein, öffentlich bemerkt zu werden. Ich sag' ja: Sogar mit Geigenkasten ging ich auf Arbeit, in dem war aber nur das Frühstück drin. Oder so einen komischen Hut hatte ich auf, da guckten alle hin. Das ist vorbei. Kraß gesagt: Heute will ich meine Ruhe haben. Irgendwie erschrecke ich auch vor diesem Satz. Aber öffentlich will ich eigentlich wirklich nur sein, wenn ich auf die Bühne gehe. Dort raffe ich zusammen, was ich an Kraft, Vorschlägen und Auskünften habe. Aber ansonsten tauche ich lieber ab.

HANS-DIETER SCHÜTT: *Und du bist auch ein Parteienmuffel geworden?*

GERHARD GUNDERMANN: Ja, insofern, als mir der Sinn nicht mehr nach Mitgliedschaft in einer Partei steht. Aber Berührungsängste habe ich nicht. Ich halte mich dabei an das Prinzip vom Doppelstockbus. Wenn wir als Piepel in der siebenten Klasse mit einem solchen Bus zum Unterrichtstag in der Produktion fuhren, nach Schwarze Pumpe, kam es vor, daß der ganze Haufen auf eine Fensterseite drängte, um einen liegengebliebenen Trabi zu beglotzen und Schadenfreude zu zeigen. Da mußten sich ein paar auf die andere Seite schmeißen, damit die ganze Bus-Bude nicht umkippte. Also, war es klar, daß ich mich 1990 an der Wahlkampftour der PDS im Westen beteiligte. Oder mich für die Grünen in die Bresche warf. Wenn andererseits die CDU was für Kinder macht und mich zum Konzert bäte, machte ich das auch. Ich würde bei keinem »Rock gegen rechts« mehr mitmachen, mich interessiert heute mehr »Rock für rechts«. Wir müssen wieder Funkkontakt aufnehmen zu denen, die an die Ränder gedriftet sind. Einmal hieß es, bei meinem Konzert sei eine Nazi-Orgie gelaufen. Vorn rechts vor der Bühne hätten sie gesessen und Geburtstag gefeiert. Schrecklich! Da kann ich doch nur sagen: Ist ja wunderbar, wenn Nazis in meinem Konzert Geburtstag feiern und zuhören. Was will ich mehr.

HANS-DIETER SCHÜTT: *Wo arbeitest du momentan?*

GERHARD GUNDERMANN: Im Braunkohletagebau Scheibe.

HANS-DIETER SCHÜTT: *Steht Baggerfahrer als Berufsbezeichnung auch in deinem Personalausweis?*

GERHARD GUNDERMANN: Nein. Baggerfahrer ist eine zusätzliche Qualifikation. Meine richtige Berufsbezeichnung ist Maschinist für Tagebau-Großgeräte. Das ist einer der etwa 160 Berufe, die es seit dem Ende der DDR nicht mehr gibt. Wenn wir also entlassen werden, sind wir alle Hilfsarbeiter.

HANS-DIETER SCHÜTT: *Im Jahre 1980 hast du in der FDJ-Literaturzeitschrift »Temperamente« im Gespräch mit Astrid Volpert über den Dreischichtrhythmus im Tagebau Spreetal folgendes gesagt: »Meine Arbeit halte ich für bedeutsam, weil sie ein extremer Prüfstand für sehr wichtige allgemeine Haltungen und Verhaltensweisen ist. Zum Bei-*

spiel in der Frage von Risikobereitschaft und Disziplin, von Unterordnung und Entscheidungsfreudigkeit. Du bekommst unmittelbar zu spüren: Hier herrscht eine hohe materielle Verantwortung pro Kopf, und ein Fehler kann bis zu Millionen kosten. Andererseits kannst du Tausende Mark zusätzlich herausholen. Die Frage, ob man sich da Gedanken macht oder nicht, steht hier verschärfter als anderswo. Doch das Modell ist im Grunde genommen übertragbar auf andere Bereiche der Ökonomie.«

GERHARD GUNDERMANN: Das würde ich heute noch unterschreiben. Es war so.

HANS-DIETER SCHÜTT: *Wieso bist du eigentlich bei den letzten, die entlassen werden? Du bist noch jung. Relativ wenigstens.*

GERHARD GUNDERMANN: Jung? Für Tagebauverhältnisse bin ich ein alter Sack. Es wird nach Alter und Betriebszugehörigkeit entlassen, und da ich schon über zwanzig Jahre im Bergbau hänge, bin ich halt noch nicht dran. Wie gesagt: Noch nicht.

HANS-DIETER SCHÜTT: *Angst?*

GERHARD GUNDERMANN: Vor der Entlassung? Ich bin immer verunsichert, wenn ich aus meinem Rhythmus, aus meiner gewohnten Umgebung gerissen werde. Andererseits weiß ich: Wenn Gott eine Tür schließt, öffnet er eine andere. Man muß nur wach sein in dieser Sekunde. Nicht vorher schon an der Wand herumkratzen oder nachher an der verriegelten Klinke rütteln.

HANS-DIETER SCHÜTT: *Bist du technisch begabt?*

GERHARD GUNDERMANN: Ja. Wenn es um größere Sachen geht, vom Vorschlaghammer aufwärts. Mit körperlicher Arbeit kann mich also niemand schrecken, schon gar nicht mit Tagebau-Großgeräten. Erst bei kleinen Schraubenziehern wird's brenzlig. Mikroelektronik fällt in meiner Anwesenheit aus. Aus diesem Grunde werde ich wohl sämtliche Computerprogramme wieder verkaufen, die ich zu Hause habe. Schon am Faxgerät renke ich mir die Arme aus. Umzingelt von Meterschlangen Papier, kann ich immer nur hilflos nach meiner Frau rufen. Also: zurück zu Gitarre, Diktiergerät und Bleistift.

HANS-DIETER SCHÜTT: *Lebt dein Bagger?*

GERHARD GUNDERMANN: Der Mensch ist ein Klumpen Fleisch, ein Konglomerat chemischer Verbindungen. Zum Funktionieren wird er gebracht durch ein Befehlssystem, durch Informationen, durch ein Programm. Fällt das aus, übernimmt die Chemie die Regierung, und der Klumpen verwest. So ist das mit dem Bagger auch. Steht er rum, verrottet er. Der Führerstand ist sein Kopf, und wenn ich einsteige, bin ich sein Gehirn für acht Stunden am Tag. Wenn wir uns wieder trennen, haben wir miteinander was erlebt, gut zusammen funktioniert oder uns gegenseitig wehgetan. Es entwickelt sich Zuneigung, Gleichgültigkeit oder Haß. Ich trage diese Gefühle mit mir rum und verhalte mich danach. Ich freu mich, wenn ich ihn sehe, oder ich gähne oder kriege Angst. Und auch der Bagger – da kannst du ruhig lachen! – muß irgendwo im Maschinenraum eine Stelle haben, wo er solche Sachen speichert. Seine Seele. Und er entwickelt ein eigenes Verhalten, das ihn von anderen Geräten unterscheidet. Und je älter er wird, um so unverkennbarer und individueller wird er auch. Und hat mehr zu erzählen. Wie alte Bäume. Und alte Menschen sowieso. Als der Tagebau Spreetal auslief, haben wir die Bagger hochgefahren auf den Schrottplatz. Und eines von diesen uralten Schiffen, der 293, der sonst alle 500 Meter eine Fahrwerkstörung hatte – der ist die schiefe Ebene hochgefahren wie eine Eins. Wie ein erschöpftes Pferd, das den Stall wittert und sich noch mal zusammenreißt. Der Bagger war müde. Er wollte nach Hause.

HANS-DIETER SCHÜTT: *Da sind wir ja sehr früh an dem Punkt, an dem viele sagen …*

GERHARD GUNDERMANN: Ich weiß: Der Gundermann spinnt. Das ist richtig. Wenn du eine Sache mit einem etwas fremden Blick siehst oder sie zum Beispiel in einem Lied verarbeitest, dann schaffst du dir eine Distanz dazu, du bist den Dingen nicht mehr ausgeliefert, du versuchst auf diese Weise ein Stückchen Freiheit; aus tiefster Gefangenschaft im Alltäglichen versuchst du ein Stück Freiheit. Die Leute, die sagen, ich sei ein Spinner – die haben recht.

HANS-DIETER SCHÜTT: *Haben Bagger Namen?*

GERHARD GUNDERMANN: Jetzt fängst du wohl an, mitzuspinnen ... Nein, keine Namen.

HANS-DIETER SCHÜTT: *Aber die Gruben haben Namen.*

GERHARD GUNDERMANN: Ja, sie hatten. Brigitta zum Beispiel. Die Bagger haben Nummern. Früher hatte jeder sein Stammgerät, heute wechseln die Arbeitsplätze. Meiner war immer der 1417. Das war mein erster Bagger, den hatte ich über zehn Jahre, auf dem lernte ich. Der sollte eines Tages weg, und ich wurde noch mal für die letzte Nachtschicht eingesetzt, als Wachdienst. So was mußte sein, wenn ein Gerät woandershin gebracht werden sollte. Denn nachts kamen die Piraten. Die Elektriker, die Schlosser – alle schlachteten so ein Gerät aus, auch Jungens, die die Kupferkabel durchschnitten und sie dann verscherbelten. Ich stand da so rum nachts und dachte, Mensch, 1417, das kann doch nicht zu Ende sein mit uns. Wir waren ja fast das gleiche Baujahr, ich 1955, der Bagger 1957. Doch am nächsten Tag ging's ab. Zwei Jahre später kam ich in einen anderen Tagebau, und auf welches Gerät setzte ich mich? Auf den 1417. So trifft man sich wieder.

HANS-DIETER SCHÜTT: *Wie wird man mit der Angst fertig, wenn man das erste Mal auf den Fahrersitz von so einem Bagger steigt?*

GERHARD GUNDERMANN: Es gibt keinen ersten Gang, bis da hoch ist es ist eine lange Karriere. Alles geschieht sehr mählich. Im Großtagebau arbeitete ich bereits in den letzten Schulferien. Ich kann mich erinnern, es war Nachtschicht, wir wurden mit einem Auto hingefahren, stiegen aus, und über uns, himmelweit, leuchteten Lichter. Die bewegten sich, es war wie im Weltall. Werde ich nie vergessen. Richtig angefangen habe ich dann als Hilfsarbeiter, ich schaffte die Zettel weg: »Bagger 1417, Brikettierkohle aus dem Hochschnitt, Mast 23« oder so. Diese Zettel füllte der Baggerfahrer aus, und ich brachte die Dinger vor zum Lokführer. Oder ich klemmte die Erden um; so ein Bagger ist am Gleis geerdet, und wenn er fuhr, mußte umgeklemmt werden. Oder ich war Hundebudenbesitzer.

HANS-DIETER SCHÜTT: *Hundebudenbesitzer?*

GERHARD GUNDERMANN: Vorn am Bagger sind Schaufelrad und Radband. Das dreht sich, führt in einen Trichter rein, und dort liegt starr das Verladeband. Es verlädt Kohle in den Zug. Das ist die Übergabestelle. Daneben stand eine Hütte, in die genau ein Stuhl und ein Mensch reinpaßten. Acht Stunden gucktest du auf den Trichter, und wenn er verstopft war, drücktest du den Knopf. Stop. Schaufelrad halt. So, und nach und nach kommst du auch mal in den Fahrerstand, drückst mal im Auftrag des Fahrers diesen Hebel oder jenen Knopf. Stufenweise gewöhnst du dich an das Gerät.

HANS-DIETER SCHÜTT: *Gab es viele Situationen, in denen du Angst hattest, in denen dir klar wurde, daß da ein kleiner Mensch ein Riesenaggregat steuert?*

GERHARD GUNDERMANN: Dazu folgende Geschichte: In den letzten Jahren der DDR wurden die Bagger der Fünfzehner Reihe gebaut. Die waren prozessorgesteuert. Der Baggerfahrer mimte hier also nicht mehr das Gehirn, sondern der Computer. Der Kutscher konnte dem Bagger nur noch Vorschläge machen. Eines Tages drückt der Mann den Hebel: Radausleger heben. Dieser Vorschlag wird realisiert, der Bagger hebt den Radausleger. An dem hängt die Kanzel. In fünfzehn Meter Höhe denkt der Mann: Das reicht und bringt den Hebel auf Halt. Das ignoriert der Bagger. Er hebt weiter. Dem Mann wird mulmig, er drückt:

senkender Bagger hebt. Der Ausleger überfährt die Endschalter, es knackt schon im Gebälk, der Mann drückt den Nottaster: Alles halt – der Bagger hebt. Die Konstruktionsteile verbiegen sich und brechen, der Mann weiß, wenn der Ausleger abgeht aus 24 Meter Höhe, hat er keine Chance. Da rennt ein Elektriker, der im Mannschaftsraum beim Kaffee saß, raus und hackt mit einer Axt die 6000-Volt-Zuleitung durch. Das revoltierende Gehirn fällt aus, der Bagger verharrt zitternd, die Ratten schleichen blaß und leise vom stinkenden Schiff und kommen am nächsten Tag mit frischer Unterwäsche.

HANS-DIETER SCHÜTT: *Während der letzten fünf Jahre, nach dem Ende der DDR, hat sich der Bergmann ruckartig vom Helden der Nation zum Backpfeifen-Automaten des Volkes und auch der Politik verwandelt.*

GERHARD GUNDERMANN: Wenn von Braunkohle die Rede ist, dann auch gleich von Schadstoffemission und weggebaggerten Dörfern. Das ist auch alles richtig. Aber in dieser Diskussion wird meist vergessen, daß hier nur ein gut sichtbarer, extrem schmerzhafter Modellfall vorliegt – für eine Konfliktsituation, die auf die Gesellschaft insgesamt zutrifft: Die Menschen, die *von* der Industrie leben, können nicht *mit* der Industrie leben. Schmerzhaft im Bergbau ist besonders: Alles, was wir verbrauchen, wie es so schön heißt, ist auch verloren. Wenn wir traditionell Energie gewinnen, indem wir Heimat verheizen, ist Wärme gewonnen, aber Heimat verloren. Es tut so weh, weil der Konflikt hier in der Lausitz Mann gegen Mann abläuft: Bergleute, die für ihre Arbeitsplätze demonstrieren, stehen gegen Dörfler, die ihre Lebensplätze verteidigen. Mit Schildern, auf denen drohend steht: Hier Wendestelle für Bagger! Wirklich, das tut weh. Es tut nicht so weh, Bier aus Büchsen zu saufen – weil die Wüsten, die der Bauxitabbau verursacht, sich in Brasilien ausbreiten, und auch die industriekranken Kinder, die für fünfzig Pfennig pro Schicht in die Mine gehen, weit weg sind. Also bin ich regelrecht dankbar für den Konflikt hier Mann gegen Mann. Er drückt aufs Bewußtsein. Brasilien drückt auf kein deutsches Bewußtsein.

HANS-DIETER SCHÜTT: *Du bist dankbar?*

GERHARD GUNDERMANN: Ja, weil dieser Konflikt unsere einzige Chance ist, zu begreifen, daß wir nur das verbrauchen sollten, was wieder nachwächst, und davon auch nur so viel, *daß* es wieder nachwächst. Es ist wie mit der Kuh, die man melken oder fressen kann – aber wenn man sie gefressen hat, kann man sie nicht mehr melken. Ich hab immer gesagt: Jeder, der zu Hause einen Zähler installieren läßt, müßte zuvor einen Pflichtbesuch im Tagebau machen. Jahrelang hieß es – Bergmann, mach uns die Bude warm, tu was, geh zur Schicht! Das Land hat ja immer nach Kohle geschrien. Kohle war immer knapp. Im harten Winter 1978 kam es zu Flächenabschaltungen. Und '86 war noch mal so ein harter Winter, da haben sie uns pro Tag Planerfüllung einen Hundertmarkschein in die Hand gedrückt und um Wärme gebarmt. Heute blasen uns die Leute an, obwohl wir das gleiche tun wie gestern. Ich denk mir: So wie es einen Generationenvertrag gibt, müßte es auch so eine Art Technologievertrag geben. Ich weiß, daß Braunkohleförderung eine erd- und menschenschädigende Arbeit ist, zugunsten eines aktuellen menschlichen Nutzens. Ich bin immer bei dieser Arbeit geblieben, weil ich dachte, diesen Prozeß durchziehen sollten solche Leute, die um die schädigende Wirkung wissen, nicht aber solche, denen das scheißegal ist. Deshalb habe ich sozusagen meinen Posten besetzt gehalten, auch wenn ich mich mit meinem Bagger mehr und mehr aufs eigene Wohnhaus zubewegte und daheim schon die Fensterscheiben klirrten, wenn ich draußen meine Arbeit machte. Der Bagger verbraucht ja 25 Prozent der durch Kohleförderung erzeugten Energie selber, und da kannst du viehisch sparen, wenn du das Gerät entsprechend behandelst und dich nicht von der Geilheit wegspülen läßt, ein gigantisches Ding zu steuern und es deshalb soviel wie möglich bewegst. So ein Gerät sollten also Leute fahren, die keinen sogenannten Fahrriemen mehr haben.

So, um auf den Technologievertrag zu kommen: Nun mache ich also Energie, die gebe ich Leuten, die in ihrem Büro unter einer Lampe sitzen, und die sollen nachdenken und zeichnen und

Lösungen finden, wie man den Strom auf bessere Weise kriegen kann. Ich fahre also nur so lange Bagger, bis der Technologe unter seiner Schreibtischlampe fertig ist mit seinen Forschungen und Entwicklungsangeboten. Das wäre für mich der Punkt. Aber nichts da. Die Gesellschaft sagt nur, Mensch, Gundermann, du Barbar, mach unsere Dörfer nicht kaputt! Sie sagt aber nicht, Wissenschaftler, beeil dich mal, entwirf Zukunftstechnologien, der Gundermann will endlich runter vom Bagger!

HANS-DIETER SCHÜTT: *Die DDR förderte pro Tag eine Million Tonnen Braunkohle. Von siebzehn Tagebauen bei euch bleiben vier bestehen.*

GERHARD GUNDERMANN: Ja. In Hoyerswerda ist es am stärksten zu spüren. Seit den fünfziger Jahren sind hier über 60 000 Leute hergekommen, um Energiearbeiter zu werden. Eine Stadt voller Leute, die heute nicht mehr gebraucht werden. Dabei hängt ihr Herz nicht so sehr an der Kohle, denke ich, die würden auch aus Solarzellen die Energie holen oder aus Scheiße. Lediglich Aufbau ist nicht angesagt. Nur Abriß, Marktbereinigung. Übrig bleiben konfuse Ideen, Touristenattraktionen auf der Abraumkippe: Rodelberg, Drachenfliegerhügel, Karl-May-Park. Das kann ab und zu klappen, aber das Prinzip wird nicht funktionieren. Es läuft darauf hinaus, daß die Arbeitslosen ihre Sozialhilfe im Abenteuerland um Hoyerswerda verjubeln, und die Hoyerswerdischen ihre in Ferropolis, der Stadt aus Eisen im mitteldeutschen Revier, und die Anhaltiner Ex-Kumpels verleben ihren vom Arbeitsamt gesponserten Skiurlaub auf der Steinkohlekippe am Rhein. Andererseits machen wir, die noch arbeiten, an drei Wochenenden im Monat Überstunden. Die einen rackern sich tot. Die anderen langweilen sich tot. Das ist idiotisch. Das ist krank.

HANS-DIETER SCHÜTT: *Bedeutet das Nachdenken über Alternativen zur Energie-aus-Heimat-Gewinnung für dich auch ein Nachdenken über Sinn und Unsinn von Industriegesellschaft überhaupt?*

GERHARD GUNDERMANN: Es gab mal einen Song, den ich vor über fünfzehn Jahren frohgemut mitgesungen habe, da lautete der Refrain: »Was der Mensch zum Leben braucht, ist ein Schornstein, der raucht.« In der sogenannten modernen Landwirtschaft werden heute zur Erzeugung von einer Kilokalorie Nahrung 2,5 Kilokalorien Energie eingesetzt. Als Nebeneffekt zerstören die schweren Traktoren die Bodenkrume, es werden die Böden ausgelaugt, und die überzüchteten Monokulturen sind immer empfänglicher für Schädlingsbefall. Das alles ist nicht nur ökologischer, sondern auch ökonomischer Unsinn. Gleichzeitig nämlich ist die bestentwickelte, effektivste, sparsamste landwirtschaftliche Maschine abgestellt. Und sie rostet gleichsam: der Bauer. Ich habe einen Bericht über die Industriemesse in Hannover gesehen, Schwerpunkt Rationalisierung, Automatisierung. Als Spitzenprodukt wurde ein Roboter vorgestellt, der mit der Nachbildung einer menschlichen Hand in der Lage war, mit einem Ball zu spielen, ohne ihn kaputtzumachen. Hätten mir die Industriebosse eher von ihrem Problem erzählt, hätten wir unsere kleine Tochter nach Hannover geschickt, die kann nämlich auch mit 'm Ball spielen. Meine Frau und ich hätten dann die Entwicklungskosten für den Roboter kassiert. Der Mensch ist die effektivste und universalste Maschine, die es gibt. Er kann Weizen sicheln, Schuhe putzen, Autos reparieren, Lieder singen. Warum wird er kaltgestellt zugunsten von unvollkommenen, energiefressenden, stinkenden, quäkenden Kopien? Warum soll ihm ein Automat das Tragen einer Last abnehmen, wenn der Mensch dann nach der »Arbeit« mit dem Auto ins Fitneß-Center fährt, wo er seine unterentwickelte Muskulatur mit dem Stemmen von Gewichten und dem Strampeln auf 'm Ergometer wieder auf die Reihe kriegen will? Ein anderes Problem: Warum soll ich mit einem aus Japan importierten Auto arabischen Sprit verfahren, um in einem dreißig Kilometer entfernten, der Firma »Rheinbraun« gehörenden Tagebau Energie zu erzeugen und von dem damit verdienten Geld meine Familie mit holländischen Tomaten versorgen – wenn ich doch die Energie für mich und meine Nachbarn auf meinem Dach aus geschenktem Sonnenlicht ziehen könnte, und meine Nachbarn mich im Gegenzug mit den Produkten aus ihren Gärten versorgen würden? Wir hätten weniger Aufwand und müßten doch auf nichts verzichten. Wirtschaft ohne Markt.

Im übrigen wird und muß es auf dem Weltmarkt einen Riesendruck geben, der vernünftige Verhältnisse herstellt, will sagen, die Preise für Rohstoffe, Energie, Wasser und die Arbeit von schwarzen, roten, gelben Menschen werden sich vervierfachen, und die Preise für die Arbeit von weißen Menschen auf ein Viertel sinken. Das bedeutet das Ende des Wohlstandsgefälles, der daraus resultierenden Völkerwanderungen, das Ende der Wegwerfgesellschaft und den Beginn der Erfindungs-Reparatur-und-Aufhebungsgesellschaft. Die Mülldeponien von heute werden die Rohstoffquellen von morgen; es wird einfach teurer sein, ein Produkt zu entsorgen, als es zu besorgen – obwohl auch das teurer sein wird als heute. Als gleichwertiges Gegenstück zur Produktion wird es die Demontage geben; allerdings, was heißt gleichwertig – in der Demontage werden dreimal mehr Menschen beschäftigt sein als in der Montage (oder aber, wie der Name schon sagt, werden am Montag alle Montage betreiben und den Rest der Woche das andere).

Hans-Dieter Schütt: *Ich merke schon: Eher als vorgesehen, sind wir auf die Ökologie gekommen, eines der Probleme, die dich am meisten beschäftigen. Wobei das, was du sagt, irgendwie wieder nach Sozialismus klingt.*

Gerhard Gundermann: Wem das, was ich sage, noch immer verdächtig nach Sozialismus klingt, dem kann ich bestätigen, daß ich es auch so meine. Ich denke, Sozialismus ist der einzig mögliche Ausgang aus der Geschichte. Weil, wenn die Probleme mittlerweile Volkseigentum geworden sind, also ausnahmslos alle betreffen, müssen auch die Mittel zur Lösung der Probleme Volkseigentum werden. Wobei ich unter Sozialismus keine Ideologie verstehe, sondern einfach das Gegenteil von Egoismus.

Hans-Dieter Schütt: *Deine Ideen sind unbestimmte Zukunft, die Realität der Gegenwart besteht aus grassierender Arbeitslosigkeit. Und auch aus wachsender Unlust der Betroffenen an Widerstand, gar Gesellschaftsveränderung.*

GERHARD GUNDERMANN: Abwarten. Arbeit ist doch genug da, wir müssen uns ja nicht mal umsehen, wir ersaufen doch drin. Hier sehe ich ein interessantes Modell in der Altersübergangsgeldregelung (was für ein Begriff!). Bei uns in der Siedlung …

HANS-DIETER SCHÜTT: *In Spreetal, sorbisch Sprjewiny Dol …*

GERHARD GUNDERMANN: Ja, ich wohne sozusagen auf den letzten Metern von Sachsen. Also bei uns in der Siedlung gibt es ein Dutzend ehemaliger Bergleute, die ein Minimum an finanzieller Versorgung erhalten und die Möglichkeit wahrnehmen, sich ein bißchen was dazuzuverdienen, nämlich 200 Mark. So laufen sie genauso lange am Tag in Arbeitsklamotten rum wie früher »auf Arbeit« und versuchen, aus unserer etwas morbiden und verlotterten Siedlung eine attraktive Wohngegend zu machen, mit funktionierendem Spielplatz, gepflegtem Wäldchen. Und dabei investieren sie weit mehr »Arbeitszeit«, als mit 200 Mark abgegolten ist. Aber warum sollte jemand jammern, daß er sich kein zweites Schnitzel leisten kann, wenn er von einem einzigen satt wird, und außerdem ist es ja »ihre« Siedlung. Volkseigentum hat nachgewiesenermaßen landesweit nicht funktioniert, aber auf nachbarschaftlicher oder kommunaler Ebene funktionierte es doch immer wieder hervorragend. Wenn einer eine Bohrmaschine hatte, hatten alle eine. So war das. Es war vernünftig. Und ich finde, so kann es wieder werden.

HANS-DIETER SCHÜTT: *Gibt es für dich noch den klassischen Klassenkampf?*

GERHARD GUNDERMANN: Die neuen Fronten gesellschaftlicher Auseinandersetzung werden quer zu den alten verlaufen. Bestand die alte Front im Gegeneinander von Kapitalisten und Proletariern, so wird es künftige Fronten geben, bei denen Kapital und Gewerkschaften auf der einen Seite stehen – gegen die vereinte konservative und alternative Politik. Als im Lausitzer Revier die Bergarbeiter demonstrierten gegen energiepolitische Beschlüsse von Land und Kommunen zugunsten von importierten Rohstoffen und gegen die heimische Kohle, wurde denen allen eine Schicht »geschmiert«, denn sie agierten ja auch im Interesse ihrer klassischen Gegner, ihrer Arbeitgeber, und die zeigten sich erkenntlich. Aber ansonsten denke ich, daß die hauptsächliche Polarisierung zwischen Kapital einerseits und der kompletten Gesellschaft andererseits erfolgen wird. Die landläufige Methode der sogenannten Wertschöpfung, nach der die Gewinne privatisiert und die Kosten und Verluste vergesellschaftet werden, ist einfach nicht mehr machbar in dem Moment, da die Kosten die Gewinne übersteigen. Wenn also eine Mark Gewinn in einer Mine gegen 2,5 Mark Reparaturkosten für Mensch und Umwelt steht.

Hans-Dieter Schütt: *Könntest du dir vorstellen, in die Politik zu gehen?*

Gerhard Gundermann: Nein. Ich bin charakterlich nicht in der Lage, Macht auszuüben. Obwohl: Für eine Vereinigte Linke, zur Volkskammerwahl nach dem Desaster der SED, hätte ich kandidiert. Damals kamen viele Briefe von Soldaten zu uns in den Tagebau. Die Jungs schrieben mir, sie stünden sinnlos an der Grenze rum. Mein Vorschlag wäre gewesen: Totale Entmilitarisierung der DDR! Das sind so Vorschläge, fand ich damals, die könnten am Ende an einer einzigen Stimme scheitern. Die Stimme, die den Vorschlag rettet die könnte ich sein. In dieser historischen Sekunde hätte ich also gern Politik gemacht. Aber nur in dieser Sekunde.

Hans-Dieter Schütt: *Hauptarbeitsgebiet der Politiker ist die Vorbereitung von Zukunft. Das ist dein Ding. Von Zukunft hast du doch immer gelebt.*

Gerhard Gundermann: Als Künstler hab ich mich immer aufgefaßt als Arbeiter in einer Werkstatt für morgen. Künstler und Wissenschaftler sind die Scouts, die dem Treck der Gesellschaft die Wege erkunden und Vorschläge machen müßten. Die Politik müßte deren Ergebnisse zusammenfassen. Aber das tut sie nicht. Sie ignoriert die Erkenntnisse der Kundschafter und ist damit beschäftigt, die Probleme von heute in die Zukunft zu schieben. Nach uns die Sintflut. Wenn Politiker die Zukunft vorbereiten, dann meist nur die eigene.

HANS-DIETER SCHÜTT: *Du hast gesagt, du seist charakterlich nicht in der Lage, in die Politik zu gehen. Ist das ein Argument gegen oder für dich?*

GERHARD GUNDERMANN: Weiß ich nicht. Vielleicht sogar gegen mich. Sachzwänge fressen Menschenfleisch. Da wär ich schnell alle. Ich bin zu weich. Ingrid Köppe und Reinhard Schult – die blieben sich treu, andere veränderten das Outfit ihres Charakters. Als Frau Ministerin Merkel mal Sonnenblumen in ihrem Fenster stehen hatte, sagte ein Staatssekretär, das gehe nicht, Sonnenblumen seien ein Zeichen der Grünen. Das ist das Niveau deutscher Politik. Im übrigen muß man an dem Punkt sogar dem unerträglich schlitzohrigen Günthi Krause Respekt zollen: Er wurde gefeuert, weil er seinen eigenen Stil durchzuziehen versuchte.

HANS-DIETER SCHÜTT: *Um noch mal zum Dualismus Baggerfahrer und Rocksänger zu kommen: Daß du dein Geld fürs alltägliche Leben nicht mit Liedern verdienen mußt – senkt das die Furcht davor, dein Publikum könnte eines Tages ausbleiben?*

GERHARD GUNDERMANN: Ich fürchte mich nicht davor, daß keiner mehr kommt. Ich wundere mich, daß überhaupt jemand kommt. Das ist immer wieder wie ein Geschenk. Darauf habe ich eigentlich keinen Anspruch.

HANS-DIETER SCHÜTT: *Warum gehst du überhaupt raus vors Publikum?*

GERHARD GUNDERMANN: Warum kocht einer? Weil er hofft, daß es den anderen schmeckt. Und daß sie nicht genug kriegen können. Und Nachschlag wollen. Und sagen: Koch morgen wieder so was. Ich wollte als Musiker nie großer Präsentator sein, sondern Gastgeber. Ich singe, also bin ich. Ich werde gehört, also bin ich nicht allein. Das zweite ist das Wichtigere.

HANS-DIETER SCHÜTT: *Worin, Gerhard, besteht dein musikalisches Talent?*

GERHARD GUNDERMANN: Ich weiß nicht, ob ich ein Talent habe. Ich fühle mich eher als so eine Art Übersetzer. Nimm den Fernseher, der hier steht: Den schaltest du an, und da kommt eine Oper. Die hat der Fernseher nicht erfunden, aber er hat die Fähigkeit, Wellen so zu übertragen, daß sie als Bild oder Ton wahrnehmbar werden. Wenn du in die Waschmaschine reinguckst, wirst du die Oper nicht sehen können. Ich habe nun eben die Fähigkeit, irgendwelche Wellen in Lieder zu übersetzen. Es findet also nur eine Umwandlung von vorhandenen Energien statt. Talent? Ich weiß nicht; also ich will die eigene Kreativität wirklich nicht zu hoch hängen. Wenn schon Talent, dann besteht es in der Fähigkeit, sich als solches Übersetzungsgerät zu erhalten und gewissermaßen zu pflegen.

Der Fernseher darf ja auch nicht als Waschmaschine benutzt werden. Das ist das Talent: daß man weiß, wofür man programmiert ist, daß man sich in dieser Programmatik pflegt, repariert, tunt. Es kommt darauf an, sich aus seinen realen Möglichkeiten heraus zu definieren. Sonst gehst du an falschen Träumen zugrunde. Das unglücklichste Wesen ist der Fernseher, der davon träumt, eine Waschmaschine zu sein.

HANS-DIETER SCHÜTT: *Seit 1972 hast du im Singeklub Hoyerswerda gesungen.*

GERHARD GUNDERMANN: Als die Brüder Magister, DDR-bekannte Liedermacher, weg waren aus der Stadt, suchte der Singeklub Hoyerswerda Nachwuchs. Ich ging inzwischen auf die EOS und wurde zunächst als Schriftführer in den Klub aufgenommen, stand also höchstens ganz hinten auf der Bühne. Irgendwann fiel der Schlagzeuger aus. Da witterte ich meine Chance und drosch drauflos.

HANS-DIETER SCHÜTT: *Woraus bestand denn damals das Repertoire?*

GERHARD GUNDERMANN: Alles, was die bekannten Klubs sangen. Hartmut König vom »Oktoberklub« galt als Klassiker. Eigene Lieder zu schreiben, habe ich allerdings ziemlich früh versucht. Ich glaube, ein Lied über Vietnam war mein erstes.

HANS-DIETER SCHÜTT: *Dann warst du Spiel-Leiter und Texter der »Brigade Feuerstein«. Diese Truppe hatte an die 15, 17 Mitglieder. Ihr wurdet DDR-berühmt. Wieso?*

GERHARD GUNDERMANN: Was weiß ich. Offensichtlich machten wir was, das gebraucht wurde. Und was keiner machte außer uns. Zentraler Satz war ein Gedanke von Volker Braun, der sagte, die Bühne kann ein Modellbaukasten für die gesellschaftliche Entwicklung sein. Hier kann man Fehler machen, die kein Geld kosten.

HANS-DIETER SCHÜTT: *Dieses Statement von dir und der Gedanke von Volker Braun sind heute nicht mehr viel wert.*

GERHARD GUNDERMANN: Auch wenn ich weiß, daß die sozialistischen Momente der DDR nur um den Preis der totalen Überforderung zu haben waren und daß dieser Preis schließlich das Ende wesentlich mit herbeiführte – dennoch habe ich diese Momente ja genossen, und sie prägten mein Leben.

HANS-DIETER SCHÜTT: *Du sagst also: Hoyerswerda war so was wie kulturelle Provinz.*

GERHARD GUNDERMANN: Na, ein Glück auch. Denn der kulturelle Hohlraum erzeugte einen starken Sog. Da, wo nichts passiert, haben jene eine gute Chance, die was auf die Beine stellen wollen. Und wir hatten die Möglichkeit, ungestört von Überangebot und Perfektionismus, ein eigenes Profil zu entwickeln. Das war ja das Schöne an der Mangelgesellschaft DDR, daß produktive Energien erzeugt wurden. Die Überflußgesellschaft erzeugt logischerweise zerstörerische Energie. Damals mußten wir alles, was wir haben wollten, selber machen. Ein Dach für den Probenraum, Märchenspiele, Schülerkonzerte, Zirkusvorstellungen.

HANS-DIETER SCHÜTT: *»Power-Fabrik« hieß das Konzept, es hatte verschiedene Bausteine – Rock-Theater, Lieder, Pantomime, Tanzmusik, Jazzdance.*

GERHARD GUNDERMANN: Auf dem Pressefest der Westberliner »Wahrheit« 1977 sah ich, daß man an einem Stand gleichzeitig Bier, Bockwurst und das Kommunistische Manifest verkaufen kann. In den zwanziger Jahren entwickelten proletarische Kulturgruppen dieses Prinzip, die Aufhebung der Trennung von Belehrung und Genuß. Sie nannten das damals »Roter Rummel«. Wir verstanden uns dabei nicht als mit Pappnasen verkleidete Lehrer, sondern als Aktivisten, als Anschieber in diesem Spiel, bei dem wir genauso lernen und genießen wollten. Am Ende waren wir in der Lage, an einem Abend mit den Leuten zusammen so ein Ding zwischen Neuererkonferenz und Tanzabend abzuziehen.

HANS-DIETER SCHÜTT: *Wie entstand denn überhaupt der Name »Brigade Feuerstein«?*

GERHARD GUNDERMANN: Wenn man so was macht, wie oben beschrieben – da konnte man sich ja nun nicht mehr Singeklub nennen. So suchten wir einen neuen Namen. Brigade stand für den Übergang von Freizeitbeschäftigung zum zweiten Beruf, und Feuerstein war einfach ein Pseudonym für Kohle.

HANS-DIETER SCHÜTT: *Stimmt es, daß ihr verdächtigt wurdet, euch den Namen in Anlehnung an Fred Feuerstein gegeben zu haben, dem Haupthelden der US-amerikanischen TV-Zeichentrickserie?*

GERHARD GUNDERMANN: Die FDJ-Sekretärin der Kreisleitung in Hoyerswerda meinte recht böse, wir guckten zu viel Westfernsehen. Ich konnte diese Anschuldigung nur zurückgeben, denn ich kannte die besagte Serie gar nicht.

HANS-DIETER SCHÜTT: *»Brigade Feuerstein« heimste jede Menge Preise ein. Welche Rolle spielte das für euch?*

GERHARD GUNDERMANN: Diese Preise waren für uns natürlich Argumente. Wer medaillengeschmückt von den Arbeiterfestspielen heimkehrte, konnte sich besser wehren gegen den Vorwurf, bürgerliche Dekadenz zu verbreiten oder subversiv zu sein. Und diese Preise waren meist verbunden mit ein wenig Geld, das wir dann in neue Instrumente investieren konnten. Oder sie beinhalteten neue Möglichkeiten, wie zum Beispiel der Preis der Schallplatte auf dem Chansonwettbewerb 1987 (wir konnten endlich eine Platte machen!) oder die Anerkennung als nebenberufliche Künstler in Form einer »Pappe«. Den Preis des Kulturministers bei diesem Wettbewerb hatten wir sicher zur Hälfte verdient und zur anderen Hälfte deshalb bekommen, weil die Jury, allen voran die Präsidentin des Komitees für Unterhaltungskunst (ja, so was gab's!) erkannt hatte, in welcher verzweifelten Lage wir uns in diesem Bezirk Cottbus befanden. Ich weiß es noch ganz genau: Wir sangen das letzte Lied im Programm, dazu verteilten wir uns alle im Publikum, es war ganz leise, Stimmen ohne Mikros und ein Klavier, und da steht Gisela Steineckert auf im Zwischenspiel und sagt: Gundermann, und wenn ich zu Fuß nach Hoyerswerda kommen muß, um euch zu helfen – helfen werd ich. Und das hat sie denn auch getan.

HANS-DIETER SCHÜTT: *Warum ist die »Brigade Feuerstein« auseinandergefallen?*

GERHARD GUNDERMANN: Ich lebte solo, meine Forderungen in puncto Engagement für die Gruppe waren wohl zu hart. Andere mußten ihre Kinder aus dem Kindergarten holen, ich lebte nur für die »Brigade«. Zudem gingen die künstlerischen Ansprüche auseinander. Die einen wollten Kunst, ich dagegen politisches Spektakel. Meine Meinung war: Hauptsache, unsere Programme gehen die Leute politisch an, da ist es egal, ob du einen guten Baß spielst oder einen weniger guten. Ich saß zum Beispiel an der Trommel, aber ich war freilich kein Drummer. Irgendwann stellte sich wirklich die Machtfrage. Und eines Tages fand mein Konzept eben keine Mehrheit mehr in der Truppe. Dazu kam, daß der Druck von außen uns zusammengeschweißt hatte. Und als der sich verminderte, fiel eben alles auseinander.

HANS-DIETER SCHÜTT: *Wieso hast du dich gegen Ende der DDR mit so einer historischen Figur, so einer regional-sächsischen Größe wie Carl Schurz beschäftigt?*

GERHARD GUNDERMANN: Für die bürgerlich-demokratische Revolution interessierte ich mich immer schon. Ich finde bemerkenswert, daß die Deutschen sich 1848 eine solche Lösung suchten, die immerhin das geringste Blutvergießen in dieser revolutionären Phase Europas forderte. Das ist schon wichtig, wenn wir von einem Satz ausgehen wie: Es darf kein Menschenleben einem Prinzip geopfert werden – außer: das eigene. Andere Leute opferten Tausende Menschenleben ihren Prinzipien, nur das eigene verschonten sie zielsicher. Über das Lesen von Biographien kam ich zu einigen Wertungen, die sich von dem unserer Geschichtsbücher unterschieden. Mir ging auf, daß all die Deutschen, die 1848/1849 kämpften, verloren und dann ausgewandert sind, ihre Erfahrungen mit nach Amerika nahmen. Dort hat dann diese ganze Flut geschlagener Revolutionäre – Ungarn, Polen, Deutsche – den Nordamerikanern den Krieg gewonnen, obwohl die Armeen der Südstaaten schon vierzig Kilometer vor Washington standen. Und gerade die Deutschen spielten damals eine ziemlich außergewöhnliche Rolle. In der Analyse, die Marx zu diesen Vorgängen anstellte, fand ich dann so einen Satz: Der Schurz, dieser reitende und schießende Furz, was macht der eigentlich ... Da mußte ich einfach nachsehen, was ist das für ein Typ. Ich mußte mich mal mit ihm unterhalten. Daraus entstand ein Programm.

HANS-DIETER SCHÜTT: *Könntest du auf den Punkt bringen, was du mit deiner Musik erreichen willst, erreichen kannst?*

GERHARD GUNDERMANN: Ich möchte gern so etwas sein wie eine Tankstelle für die Verlierer. Glücklich wäre ich, wenn Leute sagen würden, sie brauchen zum Leben Brot, Wasser und Lieder von Gundermann. Lieder als Lebens-Mittel, das wäre schon mehr, als man verlangen kann.

HANS-DIETER SCHÜTT: *Man hat dich den Springsteen des Ostens genannt und den Dylan des Tagebaus. Und eines Tages, nach der Wende, hast du mit Bob Dylan auf einer Bühne gestanden.*

GERHARD GUNDERMANN: Wir standen nicht mit ihm auf der Bühne. Wir standen vor ihm. Wir waren die Vorband.

HANS-DIETER SCHÜTT: *Hat er euch wenigstens gehört?*

GERHARD GUNDERMANN: Ach! Der hörte gar nichts, der hörte ja nicht mal sich selber. Und seine Band auch nicht. Seine Musiker sind wahrscheinlich gar nicht so gut, nur eines müssen sie möglichst perfekt beherrschen: beizeiten herauskriegen, welche Harmonien der Meister gerade spielt. Er wurde aus seinem Wohnwagen herausgeführt, ich glaub', der wußte nicht mal, ob er in Gotha oder in Dresden ist. Der Weg zur Bühne war mit Klebestreifen markiert. Die Bühne muß immer gleich sein. Dann spielt er, wortlos, tritt wieder ab. Von der Band war später zu hören, es sei die beste Tournee seit Jahren gewesen, denn die Musiker hätten sehr früh geahnt, was Bob spielen würde, und er selbst hätte auch meistens in der richtigen Tonart gesungen. Das Höchstmaß an Kommunikation war in Halle zu erleben: ein kleiner Schrei am Ende des Konzerts. Auch auf Dylan traf zu: Die Kunst ist oft besser als der Künstler. Also: Wir sind nicht vor Glück umgefallen, vor ihm zu spielen. Wesentlicher als Dylan sind seine Songs. Songs sind wie Kinder, die man in die Welt setzt und die sich dann allein bewegen. Man sollte die Kinder nicht in den Eltern suchen, sondern als eigene Persönlichkeiten behandeln. Dylan ist kein Denkmal, sondern Produzent von Denkmälern. Er geht, die Lieder bleiben.

HANS-DIETER SCHÜTT: *Später wart ihr auch Vorband für Joan Baez.*

GERHARD GUNDERMANN: Joan Baez ist eine Fee aus dem Märchen. Sie hat uns alle umarmt, meine Tochter geküßt und mit den Leuten vor der Bühne gtanzt. Sie hat ihren Frieden gefunden und hat ihn zwei Stunden lang mit dem Publikum geteilt.

HANS-DIETER SCHÜTT: *Irgendwann machte das Gerücht die Runde, demnächst würdet ihr als Vorband von Bruce Springsteen auftreten.*

GERHARD GUNDERMANN: Nein danke. Bei Dylan durften wir nicht mal zum Soundcheck auf die Bühne, bei Springsteen dürfen wir womöglich nicht mal hoch, wenn wir selber dran sind.

HANS-DIETER SCHÜTT: *Aber du magst Springsteen.*

GERHARD GUNDERMANN: Sehr, ja. Die Melodien liegen nah an dem dran, was ich musikalisch empfinde. Mir gefällt auch, daß er auf der Bühne arbeitet. Ich mag Leute nicht, die nur so tun, als ob.

HANS-DIETER SCHÜTT: *Interessant fand ich, daß du mit deiner Gruppe nach der Wende auf gemeinsame Tournee mit Manfred Maurenbrecher gegangen bist. Das war für damalige Ossi-Wessi-Verhältnisse nicht so üblich, oder?*

GERHARD GUNDERMANN: Diese Geschichte war eine von vier Ost-West-Paarungen, die auf Initiative eines Berliner Kulturvereins stattfanden. Die kam zustande, weil mit dem Fall der Mauer die Kulturwelten auf unserer Ebene weiterhin getrennt blieben. Einigungen finden auf oberster Ebene ja immer sofort statt, darunter bleibt es schwierig. Nimm die internationalen Konzerne, die haben sich längst zusammengetan, die Gewerkschaften krebsen nach wie vor in nationaler Unbeweglichkeit rum. Und guck dir in der Musik die volkstümlichen Barden an, Hauff, Henkler, Heino und die Wildecker Herzbuben sind längst ein Arsch und eine Seele. Wir Liedermacher sind ja so was wie ein Gegenprogramm, und Gegenprogramme hinken immer hinterher. Also: Deutsche Gegenwelten werden nicht durch die Elbe getrennt, sondern durch jene Decken, die eine Etage von der anderen trennen. Wir dachten uns: Maurenbrecher nimmt den Ossi an die Hand und führt ihn durch seine Kulturlandschaft, und wir nehmen den Wessi an die Hand, spielen vor unserem Publikum und bieten nebenbei einen Sänger von drüben. Einer sozusagen als Zugabe des anderen. Jeder macht Erfahrung mit einem unbekannten Publikum, aber nicht so, daß er mit der fremden Umgebung alleingelassen wird.

HANS-DIETER SCHÜTT: *Was ist eher da bei dir, der Text oder die Musik?*

GERHARD GUNDERMANN: Die Musik meist. Ein afrikanischer Poet und Präsident sagte mal: Ein Gedicht ist erst ein Gedicht, wenn es ein Lied ist; ein Lied ist erst ein Lied, wenn es ein Tanz ist. Diese Dreieinigkeit von geistiger, emotionaler und körperlicher Wirkung bleibt für mich das Entscheidende. Deshalb hab ich es eigentlich nicht gern, wenn meine Texte ohne Musik unter die Leute kommen.

HANS-DIETER SCHÜTT: *Und wie schreibst du?*

GERHARD GUNDERMANN: Wenn ein Text plötzlich da war, ich ihn sogar gut fand, war mein erster Gedanke stets: Den kannst du doch gar nicht geschrieben haben! Ich fragte mich: Wo kam der her? Bemühte ich mich dagegen, was aufs Papier zu kriegen, und spürte ich dieses Bemühen, dann wurde es nichts. Das Unterbewußtsein schreibt, nicht das Bewußtsein. Deshalb bin ich auch zu keinerlei Analyse dessen fähig, was ich geschrieben habe. Ich beneide auch Leute, die Geschichten zu ellenlangen Liedern machen. Das gelingt mir nicht. Auch Konzepte gelingen mir nicht, also so 'ne Dinger, daß man eine CD trickreich konzipiert. Ich packe aus und lege auf den Tisch, was gerade da ist.

HANS-DIETER SCHÜTT: *Magst du mehr Band-Konzerte oder mehr die Soloprogramme?*

Gerhard Gundermann: Also grundsätzlich: Daß Musik mich zudröhnt, kann ich nicht leiden. Aber Musik, die mich nicht körperlich anspricht und angreift – die mag ich ebensowenig. Lautstärke darf keine Belastung sein, nicht für den Sänger, nicht für das Publikum. Zu uns kommen ja nun die Vierzigjährigen, aber auch deren Kinder. Da gibt es unterschiedliche Beziehungen zur Lautstärke, das müssen wir ausbalancieren. Es existieren drei Säulen: Soloprogramm, da sitzen die Leute. Dann Lieder mit der Band, ebenfalls etwas leiser, in Theatern oder Klubs. Und drittens laute Lieder, bei denen ist Stehen angesagt. Es sind völlig unterschiedliche Dinge. Wenn ich allein spiele, kann ich mich nicht verkrümeln, ich kann mich nicht hinter Andy stellen, der gerade ein Saxophonsolo hat. Es ist alles näher, intensiver, ich kann fast jedem im Publikum in die Augen gucken. Beim Soloprogramm versuche ich, bei den Leuten irgendwie die Seele zu berühren, den Verstand freilich auch. Beim Programm mit der Band geht es eher um das Herz und den Bauch. Es ist geil, mit einer Rockband auf der Bühne zu stehen, es ist aber auch schön, alleine mit der Gitarre dazusitzen.

Hans-Dieter Schütt: *Deine jüngste CD, »Frühstück für immer«, ist klagevoll, wehmütig, ostalgisch. Ist dir das bewußt? Ist das gewollt?*

Gerhard Gundermann: Den Inhalt der Platte konnte ich nicht steuern. Der Druck der Erinnerung schuf einen bestimmten Klang, eine bestimmte Tonlage, ich vermochte ihn nicht zu ändern. Es ist mein Ton, es ist meine Erinnerung. Wenn man in einem bestimmten Moment des Lebens insbesondere Verluste beklagt, kann man nicht die ganz lustigen Lieder schreiben. Tut mir leid.

Hans-Dieter Schütt: *»Frühstück für immer« lautet der Titel der CD. Da ist also ein Morgen, aber mehr kommt nicht.*

Gerhard Gundermann: In Finsterwalde gibt es einen Arbeitslosenverband. Da waren wir eingeladen und spielten in der alten Werkhalle einer Schraubenfabrik. Das war für alle erschütternd:

ein Riesenareal, wo die Leute ihr Leben reingehämmert haben. Um neune war immer Frühstück. Man dachte: Jetzt könnte die Uhr stehenbleiben. Damit die Pause nie aufhört. Ich hab da nicht gearbeitet, aber die Leute waren solche wie ich; ich kann das nachvollziehen. Und dann blieb die Uhr wirklich stehen, fünf vor halb zehn. Ich hab sie angestarrt, auf dem leergefegten gespenstischen Werkhof, man hörte förmlich, wie das Eisen nach dem Hammer schrie. Aber es war keiner mehr da, der es hören konnte, an diesem Vorabend des 1. Mai 1993. Außer mir. Seitdem hatte ich diese Zeile im Kopf: Der Ofen ist aus in Finsterwalde.

HANS-DIETER SCHÜTT: *Gerhard, was gefällt dir eigentlich an dir selbst?*

GERHARD GUNDERMANN: Der Geruch.

HANS-DIETER SCHÜTT: *Welches war deine erste Mutprobe?*

GERHARD GUNDERMANN: Meine Geburt.

HANS-DIETER SCHÜTT: *Was würdest du, hättest du die Macht dazu, auch gegen den Willen der Mehrheit durchsetzen?*

GERHARD GUNDERMANN: Die Interessen der Mehrheit.

HANS-DIETER SCHÜTT: *Welche Hoffnung hast du aufgegeben?*

GERHARD GUNDERMANN: Daß die Vernunft Mehrheiten findet.

HANS-DIETER SCHÜTT: *Keine Revolution hat die Hoffnungen derer erfüllt, die den Aufstand wagten. Leitest du davon ab, daß die ganz große Hoffnung lächerlich sei und nur der Hoffnungslose sich Enttäuschungen erspart?*

GERHARD GUNDERMANN: Revolutionen sind Ergebnisse von Sachzwängen, sie haben überhaupt nichts mit den Hoffnungen derer zu tun, die (denken, daß sie) sie anzetteln. Der Surfer kann die

Welle reiten, aber er verursacht sie nicht. Ich denke, Hoffnung ist die Konstruktion eines Punktes B, wenn man es auf dem Punkt A nicht mehr aushält – und wenn der Trip zu Punkt C führt, ist man enttäuscht. Hoffnung ist gut als Antrieb, um vom Punkt A wegzukommen; dann aber ist sie eine ausgebrannte Raketenstufe, untauglich für die Landung. Zur Landung braucht man ein anderes System namens Neugier. Da kann man sich auch freuen, wenn's Punkt F ist oder Y oder Ö.

HANS-DIETER SCHÜTT: *Fürchtest du dich vor den Armen dieser Welt?*

GERHARD GUNDERMANN: Im Bergbau gibt es den Begriff der Standsicherheit. Eine Sandböschung beispielsweise ist stabil bis 27 Grad; alles, was steiler ist, gilt als rutschungsgefährdet. Das Wohlstandsgefälle schon in Europa schätze ich auf 76 Grad. Der Moment, in dem sich diese Böschung auf einen stabilen Winkel ausgleicht, wird uns den Zweiten Weltkrieg als harmloses Geländespiel erscheinen lassen.

HANS-DIETER SCHÜTT: *Womit rechtfertigst du, mehr Geld zu haben als andere?*

GERHARD GUNDERMANN: Wenn wir Speck hätten, könnten wir Eier mit Speck machen. Wenn wir Eier hätten.

HANS-DIETER SCHÜTT: *Teilnehmer welchen historischen Ereignisses wärst du gern gewesen?*

GERHARD GUNDERMANN: Der Landung auf dem Mond.

HANS-DIETER SCHÜTT: *Hat Heimat für dich eine Flagge?*

GERHARD GUNDERMANN: Schwarzrotgrünhammersichelährenkranz.

HANS-DIETER SCHÜTT: *Gibt es Landstriche, Bräuche, Städte, die dich auf den Gedanken brächten, du seiest für einen anderen Ort besser geeignet?*

GERHARD GUNDERMANN: In einer dänischen Holzkirche bei einem Orgelkonzert sah ich auf den Plätzen ringsum Namensschilder aus Emaille. Nur da, wo ich saß, war keines mehr. Vielleicht war das ein Wink, meinen Namen dort anzuschrauben. Wahrscheinlich war ich für Skandinavien geplant oder für einen israelischen Kibbuz. Und ich bin nur ungenau gelandet.

HANS-DIETER SCHÜTT: *Was empfindest du angesichts der Gewißheit, daß es dich in fünfzig Jahren nicht mehr gibt?*

GERHARD GUNDERMANN: Wer legt das fest. Ich könnte doch noch da sein. Oder schon wieder.

HANS-DIETER SCHÜTT: *Hoffst du auf ein Jenseits?*

GERHARD GUNDERMANN: Die Frage impliziert erstens die Festlegung, wir befänden uns im Diesseits, und zweitens die Behauptung, es gäbe nur zwei Seiten. Ich sehe das anders, ich denke: Alles hat ein Ende, nur der Durst hat keins, und außerdem ist die Medaille eine Kugel.

HANS-DIETER SCHÜTT: *Was erträgst du nur mit Humor?*

GERHARD GUNDERMANN: Mich.

HANS-DIETER SCHÜTT: *Wovor hast du Angst?*

GERHARD GUNDERMANN: Es heißt, all das, wovon man fürchtet, daß es kommt, kommt dann auch. Also: Ich werde dem Unglück doch nicht noch Daten liefern!

HANS-DIETER SCHÜTT: *Hast du einen wiederkehrenden Alptraum?*

GERHARD GUNDERMANN: Ich stehe auf der Bühne und habe keine Ahnung, was die anderen neben und hinter mir für ein Stück spielen.

Hans-Dieter Schütt: *Wofür bist du dankbar in deinem Leben?*

Gerhard Gundermann: Für jeden Tag.

Hans-Dieter Schütt: *Was fehlt dir zum vollkommenen Glück?*

Gerhard Gundermann: Die Fähigkeit, es zu erkennen.

Hans-Dieter Schütt: *Welche natürliche Fähigkeit hättest du gern?*

Gerhard Gundermann: Einen Laufstil mit Schritten, so sieben Meter lang und drei hoch.

Hans-Dieter Schütt: *Von welcher Erfindung würdest du wollen, daß es deine sei?*

Gerhard Gundermann: Die Photosynthese.

Hans-Dieter Schütt: *Was ist dir in deinem Leben bisher am besten gelungen?*

Gerhard Gundermann: Die Atmung.

Hans-Dieter Schütt: *An welchem Ort erhieltst du bzw. gabst du deinen ersten Kuß?*

Gerhard Gundermann: Im Traum.

Hans-Dieter Schütt: *Nenne drei Dinge, die du auch für viel Geld nicht tun würdest.*

Gerhard Gundermann: Geld ist für mich kein Ding an sich, sondern eine Vorstufe zu anderen Dingen. Für ein Geld, das sich in eine Schrankwand verwandeln soll, würde ich nicht mal den Finger krumm machen. Aber für ein Geld, aus dem ein lebenswichtiges Medikament für meine Kinder werden kann, würde ich Sachen machen, die ich jetzt nicht mal denken könnte.

HANS-DIETER SCHÜTT: *An welche abergläubische Regel hältst du dich?*

GERHARD GUNDERMANN: Rede nie schlecht von deinem Auto, solange es dich hören kann.

HANS-DIETER SCHÜTT: *Deine gegenwärtige Geistesverfassung?*

GERHARD GUNDERMANN: Angeheitert.

HANS-DIETER SCHÜTT: *Drei Gewalttätige in der U-Bahn greifen jemanden an. Was tust du?*

GERHARD GUNDERMANN: Aus dem sicheren Sessel heraus sage ich: Die drei von dem Betroffenen ablenken und dann zusehen, daß ich selber ohne blaues Auge davonkomme.

HANS-DIETER SCHÜTT: *Womit wirst du dich im Kapitalismus am wenigsten abfinden können?*

GERHARD GUNDERMANN: In der DDR hieß es immer: keine Leute, keine Leute. Wenn die Kinder mit der Schule fertig waren, standen die Betriebsdirektoren und riefen: Komm zu uns, wir brauchen dich, auf dich kommt es an. Wenn sie heute rauskommen, dann hören sie nur: Mensch, hau bloß ab, mach dich dünne, das Boot ist voll. Wenn wir heute unsere Kinder in die Wüste schicken, schneiden wir nicht nur ihnen die Zukunft ab, sondern auch uns. Und das hier, in einem der reichsten Länder der Welt. Ich hoffe, es gibt noch mehr hier, die das nicht hinnehmen werden.

Richard Engel

Eines Tages steigt er in sein Raumschiff

Richard Engel, Regisseur vieler DDR-Fernsehfilme, drehte 1982 ein TV-Porträt über Gerhard Gundermann. Der Film wurde Ende 1983 gesendet; vor seiner Veröffentlichung ging er, in entnervenden Stufen für alle Beteiligten, durch die Zensur.

Ich stand kurz vor Drehbeginn für einen dramatischen Fernsehfilm. Das Buch war mehrmals geändert worden, aber letztlich mußte ich vor der Leitung des Fernsehens in Adlershof bekennen: Ich würde die Produktion nicht beginnen können; eigener Anspruch ans Projekt und Realität der Vorlage bildeten einen unüberbrückbaren Gegensatz. Nun waren alle Kapazitäten aber bereits gebunden, die Leitung war empört, und ich fühlte mich gedrängt, einen Ausweg aus der Situation zu suchen. Gundermann war derjenige, dessen Musik in einer bestimmten Szene des Films hätte gespielt werden sollen. Ich hatte ihn gehört, mich faszinierte dieses glaubwürdige Pathos, diese Mischung aus Bob Dylan und Ernst Busch. Ihn persönlich kannte ich nicht, hatte mich aber vom Ruf überzeugen lassen, der ihm vorausging: Er sei ein guter Musiker. Gleichsam nebenbei erfuhr ich, er sei auch ein »interessanter Tagebau-Typ«, und ich ahnte, in der fernsehprogrammatischen Notsituation würde das Zauberwort »Arbeiterporträt« möglicherweise ähnlich verblüffende, überzeugende Wirkung haben wie einst die Hauptmann-Uniform des Schusters Voigt in Köpenick.

Die Leitung des Fernsehens handelte tatsächlich wie erwartet: Auf »Arbeiterporträt« reagierte man in der Art eines Pawlowschen Reflexes. Freilich muß ich sagen, daß der vorgeschlagene Film für mich auch ein Vorwand war, Gerhard Gundermann persönlich kennenzulernen. Ich würde keinen Dokumentarfilm machen, weil ich wußte, was herauskommt – ich begab mich auf Entdeckungsfahrt.

Auf nur wenigen Seiten notierte ich Konzeptionelles, und ich lernte in Gerhard Gundermann einen Menschen kennen, das begriff ich beizeiten, der in seinen ungezügelten, anarchischen, irritierenden Lebensansichten unbedingt auf Widerstand stoßen mußte – in späteren Diskussionen über den Film erhob sich als Haupteinwand gegen die unmittelbar Verantwortlichen, wie sie nur hätten zulassen können, den Stoff, das Sujet so unkontrolliert überhaupt erst in die Produktion zu geben.

Als der Film zur Leipziger Dokumentar- und Kurzfilmwoche angemeldet wurde, schrillten »oben« sämtliche Alarmglocken. Über 70 Änderungs-»Wünsche« kamen auf den Tisch. Gundermann, so die Hauptvorwürfe, treibe mit Äußerungen über das Verhältnis Erich Honeckers zu Ernst Busch einen Keil zwischen Partei und künstlerische Intelligenz; über seine kurze Zeit auf der Offiziersschule durfte gar nichts im Film erwähnt werden, und über ein lange schwelendes SED-Ausschlußverfahren sollte ebenfalls der Mantel des Schweigens gebreitet bleiben.

An einem wichtigen Punkt freilich kehrte sich das Zensorische gegen die Zensoren selbst: Die Positionen der Parteileitung des Tagebaus zu Gundermann, so wurde von mir gefordert, müßten unbedingt im Film deutlich werden. Gesagt, getan. Die Hereinnahme des Parteisekretärs in den Film führte zur dramaturgisch wirkungsvollen Etablierung eines Gegenspielers, der wirklich sehr deutlich, geradezu körperlich erkennen ließ, warum dieser junge Arbeiter in Konflikte mit seinen Leitern geraten mußte.

Daß ich nach dem Fernsehporträt Gerhard Gundermanns eine Filmtrilogie über fiktive Frauen- und Familienschicksale drehte, hat durchaus mit Gundi zu tun. Es waren Frauen, die gleichsam das soziale Unten in der DDR widerspiegelten; die Begegnung mit dem ungewöhnlichen Baggerfahrer hatte meinen Sinn für eine Realität der Brüche, der sozialen Aufgerauhtheiten geschärft und so mein Interesse an Menschen erhöht, deren komplizierte Lebenssituationen man gemeinhin – irrtümlicherweise oder auch bewußt-verschleiernd – als »einfache Verhältnisse« bezeichnet.

In diesen Frauen war als Gefühl angelegt und in ihren Geschichten auch als Vorgang gezeigt worden, daß in allem, was man tut, die Möglichkeit des Scheiterns mitgelebt werden muß. Das kam für mich sehr aus dieser Gundermann-Erfahrung, denn auch in dessen Lebenskonstellationen ist Scheitern stets eine sehr latente Gegebenheit gewesen, geradezu familiengenetisch programmiert. Die Scheidung der Eltern; Sorgen mit der Schwester, die eine zeitlang im Jugendwerkhof lebte; Gundis eigenes Scheitern an der Offiziersschule, dieser bewußt gesuchten Vorstufe zum großen Abenteuer Revolutionsdienst; auch seine anfänglichen Schwierigkeiten im Tagebau; dazu die Umwege bei der Suche nach einer eigenen Familie – das sind desillusionierende Faktoren, ernüchternde Momente, die ja besonders ins Gewicht fallen, wenn es sich wie bei Gundi um einen so auffällig dynamischen, vorwärtsgerichteten Menschen mit ausgesprochenem Harmoniewillen handelt, der gemeinschaftsfördernd arbeiten und leben will.

Diese Spannung, dieses Aufeinandertreffen von Sturm, Drang und ständiger Harakiri-Gefahr hat seinem Leben sehr oft einen zugleich komischen wie tragischen Aspekt gegeben.

Seltsam: Nur in der Arbeit, achtzig freigeschaufelte Meter unter Meeresspiegel null – da faßte Gundi schließlich am sichersten Fuß; Arbeit wurde sein Element, sein eigentliches Genußfeld, sein Lieder-Programm. Arbeit und Feiern konnte er nie auseinanderhalten, das macht seine Originalität aus, das schuf freilich auch Probleme für andere, die im Feier-Abend einen bewußten Ausgleich zur drückenden Last Arbeit sehen.

Ein Mensch wie Gundi erzeugt auch Ängste. Er liefert sich aus durch Vertrauen. Er ist einer derjenigen, deren Herz auf der flachen Hand liegt und zuckt. Um solche Menschen bildet sich schnell ein Kreis, aber inmitten dieses Kreises können sie doch sehr einsam sein. Schon allein deshalb, weil sie eine Konsequenz vorleben, die nicht jedermanns Sache ist.

Ich glaube, der Film, den wir über Gundi drehten, war für ihn auch eine Chance, ein wenig mit Gefahren dieser Einsamkeit fertigzuwerden. Daß Gerhard später umzog, heiratete, Vater wurde, daß er Familie als eine selbstverständliche Lebensform kennenlernte – ich hoffe, daran durch Freundschaft, die mit diesem Film damals zwischen uns wuchs, einen kleinen Anteil gehabt zu haben.

Damals, als wir drehten, war seine jetzige Frau Conny noch mit einem anderen Mann verheiratet; der Film greift den Spannungsmoment auf, in dem sich beide befanden. Ich bestärkte ihn, über die noch wankende Brücke einer neuen Beziehung zu gehen. Ich denke, daß er durch mich Familie zu erahnen begann als bewußte Gegenwelt zum Alltag draußen, in ihr also nicht nur eine Fortsetzung des gesellschaftlichen Gleichmaßes mit anderen Mitteln zu sehen (und sie daher vielleicht sogar abzulehnen), sondern Familie zu begreifen als Halterung, als Auftankbereich für humanes Denken und Fühlen.

Gundis Art zu leben erinnert mich an jene Kultur der einstigen Westemigranten, die ich von meinen Eltern kenne: Abgeschnitten vom Apparat der Partei, waren sie auf sich selbst zurückgeworfen. Es gab ständig diesen Konflikt zwischen einem Gesamtrahmen, den man akzeptierte, und den sehr eigenen Kriterien, sich in diesem Rahmen zu bewegen. Daraus entsteht jene Partisanenethik, die etwas Großem verpflichtet ist, aber um die konsequente Subjektivität und Unübertragbarkeit der eigenen Suche nach Wahrheit weiß. Beinahe lutherisch: Hier stehe ich und kann nicht anders.

Gerhard Gundermann, so könnte man überspitzt und in zweckdienlicher Zuspitzung sagen, hat mit dieser Ethik seinen unverwechselbaren Anteil am Scheitern des Sozialismus. Er hat das Parteistatut ernstgenommen und damit seine Umwelt zu Reaktionen gezwungen, die belegen: Wer das Statut der SED wörtlich nimmt, gehört im Grunde nicht in diese Arbeiterpartei; wenn diese Partei aber so handelt, handelt sie gegen die Idee. Beinahe in der Manier eines Eulenspiegels führte er praktizierte Parteipolitik ad absurdum, indem er sie an deren selbstgefaßten Beschlüssen maß. Die Idee vorlebend, hat er deren Verwalter bis aufs Blut gereizt. Die einen beeinflußte er, mitzuziehen in seinem Sinne, andere brachte er immerhin dazu, sich zu ihrer geistigen und seelischen Starrheit zu bekennen. Denn Gundi ließ bei denen, die er treffen wollte, keine Gleichgültigkeit zu, sondern nur Gegenwehr.

Man lese seine Betriebsakten, die Dokumente seines Parteiausschlusses – es sind SED-Zeugnisse unfreiwilliger Komik: Die Hilflosigkeit versucht, sich zu artikulieren. Die Gedankenlosigkeit sucht mühsam nach Argumenten. Die Sprachlosigkeit versucht sich im Schriftbild. Aber die Komik schlägt ins Erschrecken darüber um, mit welch ledernem Selbstbewußtsein die Dummheit ihr ideenfeindliches Programm durchzieht.

Alle Änderungen, die dem Porträt-Film Anfang der achtziger Jahre aufgezwungen wurden, hatten wir mit Gerhard abgesprochen. Mich erstaunte seine Gelassenheit, die doch gar nicht zu ihm zu passen schien. Allzu sperrige Wahrheiten gehen nicht durch jede Tür, sagte er, man müsse genau hinschauen, wie groß die Tür sei.

Unter europäischen, auch deutschen Intellektuellen gibt es so einen merkwürdig wehleidigen Ton, wenn es um die Belastungen bei der Wahrheitssuche geht. Bei Brecht spürt man die asiatischen Einflüsse: Für das Durchsetzen von Wahrheit ist List nötig, und Listigsein ist eine Lebensqualität. Seine Sache durchbringen, ohne sich zu verlieren – diese Haltung zu unserem gefährdeten Film gefiel mir damals bei Gundi. Wenn man das Porträt heute sieht – ich wundere mich, was überhaupt an Sperrigem durch die Tür ging. Man darf nicht vergessen, es war die Zeit, da im Fernsehen Kaderleiter regelrecht durch Offiziere ausgewechselt wurden. Die Militarisierung der geistigen Kontrollposten durch Politbüro-Mitglied Joachim Herrmann, zuständig für die Medien, wurde mit erschreckender Gnadenlosigkeit und politischer Eindeutigkeit vorangetrieben.

Der staatliche Umgang mit Intelligenz damals, Anfang der achtziger Jahre, wurde schärfer, in mir ging die Rest-Illusion von Gemeinsamkeit verloren. Die Diskussion um den Gundermann-Film empfand ich als tiefen Einschnitt: In dieser Debatte wurde deutlich, Gundi war für die Verantwortlichen des DDR-Fernsehens und der entsprechenden ZK-Abteilung kein Irrender, sondern ein Feind. In seiner Vorwegnahme von Glasnost-Positionen reizte er die Funktionäre, daß man geradezu deren physische Bedrängnis spürte. Der Gundermann-Film wurde so zum Moment, in dem ich meine politische Unschuld verlor. Mit denen ich da über meinen Film redete – es waren fortan nicht mehr meine Leute.

Ich glaube, in Gundis Leben ist der Widerspruch gewachsen zwischen der selbstauferlegten Notwendigkeit, sich in der Extensität von Leben zurückzunehmen, und dem gleichzeitigen Größerwerden eines utopischen Rahmens. Mit der Wende ist der bis dahin gültige und akzeptierte Rahmen gesprengt worden, Gerhard mußte erneut Scheitern erfahren. Der Vorteil dieses Scheiterns ist freilich, daß die Sprengung des Rahmens neuen Raum schuf für die Unermeßlichkeit der bisher gelebten Idee, Raum schuf auch für nunmehr freie und unermeßliche Gefühle, freilich innerhalb der Idee. Der Gedanke sozialer Gerechtigkeit gilt ihm nach wie vor viel, bisherige Kampfesformen ihrer möglichen Durchsetzung freilich erledigten sich. Das auszusprechen, ist bei Gundi kein Rückzug ins Privat-Esoterische.

Gerhard Gundermann hat die schöne Fähigkeit, mit Gedanken über Demokratie und Arbeit, über Demokratie in der Arbeit und über Demokratie als harte Arbeit spielerisch umzugehen. Utopisches Denken meint bei ihm mehr als jenen Sozialismus, von dem nur bleibt, daß er einer sein wollte. Gundis Denkmuster sind wirklich utopischer Art, es sind gleichsam Science-Fiction-Gefüge, in denen er sich sehr souverän bewegt. Das Aufheben einer kleinen Schraube im Tagebau und der Sternenhimmel drüber sind ihm eine Einheit von Materie und Phantasie, die von jener kosmischen Denkungsweise gespeist wird, wie man sie bei Aitmatow, Lem und den Brüdern Strugatzki literarisch geformt findet. Äußeres Leben, Motorik des Alltags sind ihm nur Hilfsmittel, sich wahrhaft naiv in den scheinbaren Welträtseln zu bewegen und anders als andere mit Zeit und Raum umzugehen.

Zwar ahnt auch er das Ende der Menschheitsgeschichte, seine Lieder haben mehr und mehr eine tiefzielende Trauer, aber da dieser Gundermann selber nicht ganz von dieser Menschenwelt ist, bleibt eine deutliche Spur Heiterkeit, eine magische Anziehungskraft des Bejahenden, die aus seinen Liedern, aus seinen Augen, seinem Lachen und zugleich von ganz weit her kommt.

Vielleicht von dort, wo wir noch immer Märchen vermuten, auch wenn wir leider erwachsen geworden sind.

Ohne geistige Koketterie, ohne Klugheitsdünkel: Gundi ist auf Abfahrt eingerichtet. Irgendwann steigt er, die Schultern zuckend über uns verbissen Vernünftige, in sein Raumschiff und sucht nach einem neuen Landeplatz für seine Seele.

Der Text basiert auf einem Gespräch, das Hans-Dieter Schütt am 16. Dezember 1995 mit Richard Engel führte. Der Regisseur, der mehrere Jahre an der Filmhochschule »Konrad Wolf« in Potsdam-Babelsberg lehrte, drehte später einen zweiten Dokumentarfilm über seinen Freund Gerhard Gundermann: »Gundermann – Ende der Eisenzeit.«

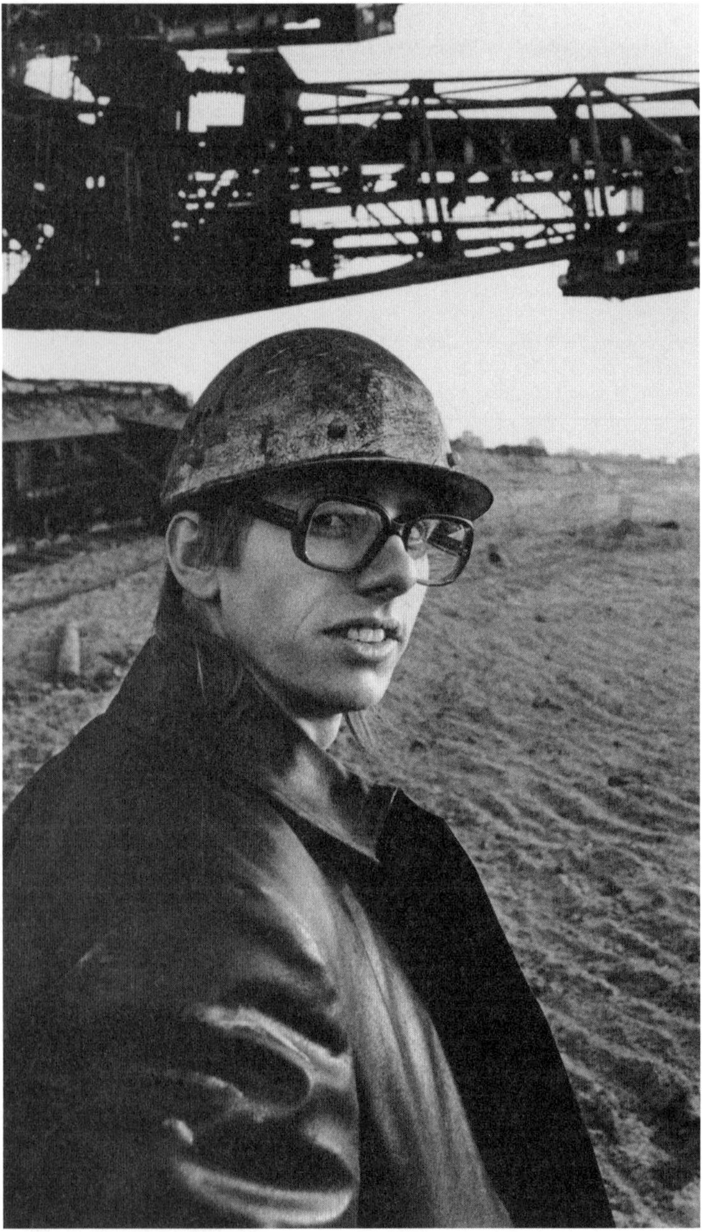

Jurij Koch

Die Schmerzen der endenden Art

Kürzlich bin ich mit dem Flugzeug, aus Berlin kommend,
erstmalig über diese Gegend geflogen. Aus der Weite hier
sind Löcher geworden. Dazwischen die Schornsteine, wie
Kanonen gegen den Himmel. Rauchende Colts.
Es sind Kanonen gegen uns selber.
Der Jurij Koch, der Schriftsteller, der hat's beschrieben:
das Trostlose, das uns anheimgegeben ist –
als Aufgabe und damit für den möglichen Trost, daß wir
doch noch Kraft und Herz und Verantwortung haben, das
Land zu retten.
Gerhard Gundermann

FÜR DAS LINKE obere Viertel des mehrfach geknickten Stadt- und Landkreises Cottbus hat man sich an der Geographisch-Kartographischen Anstalt Hermann Haack in Gotha für Grün entscheiden können. In zwei unbedeutenden Abstufungen. Zwischen 40 und 80 Meter über dem Meeresspiegel.

Hier ist es also. In diesem weichseleiszeitlichen Schwemmsandfächer. In dem sich nach Osten hinausleckenden Spreewald. Bis nach Peitz. Fast bis nach Jänschwalde. Wo das neueste Kraftwerk steht. Aber die von ihm wegführenden Stromleitungen zeigt die Karte nicht. Nur das blauädrige Versorgungsnetz der Natur, die Fließe und Gräben, die Carna grobla, die Goramsica, die Malksa, die Patsowina und die Mlynska Sprjewja, die Hauptspree also. Alle fließen sie westwärts durch die noch sorbischen Dörfer Depsk und Majberg und Desno und Strjazow und Prjawoz. Hier, sagt J., der Ornithologe. Hier könnten wir sie sehen. Wenn wir Glück haben.

Und es gibt sie nur noch in zwei Exemplaren? frage ich ihn.

In zwei oder drei, antwortet er. Nur hier. Sonst nirgends mehr im Land.

Wir wollen den bunten Vogel finden, der im Volksmund Mandelkrähe heißt. Aber das Volk nimmt ihn weder so noch so in den Mund. Es kennt ihn nicht mehr. Das Interesse für ihn hat sich in die Ornithologie zurückgezogen. Auf ein paar Vogelgänger. Aber bei denen hält es sich. Und steigt mit dem Seltenheitswert, den zwei Exemplare einer Art angesichts der nicht auszuschließenden Gefahr ihres endlichen Ausbleibens bekommen können, der Gefahr nämlich, daß die beiden Vögel auf ihr westlichstes europäisches Brutgebiet pfeifen, das Land südostwärts für immer verlassen, einfach von der winterlichen Reise aus Afrika nicht zurückkehrend.

Schluß. Aus. Wieder eine Art weniger. Die Diversität gestutzt, die Vielfalt einfältiger. Man gewöhnt sich an das andauernde Ausbleiben, an den anthropogen bedingten Rückgang.

Als sei es menschheitlich belanglos, daß sich die Dinge der Natur umkehren. Die Entwicklungen gehen wieder vom Höheren zum Niederen.

Auffallen würde das Ausbleiben der Mandelkrähe zunächst allenfalls den Vogelkundlern, den Leuten mit dem sehr zeitgemäßen Vogel. Wie man überhaupt hierzulande einen Vogel haben muß, um der normativischen deutschen Lethargie zu entkommen.

Die wichtigsten Aufschlüsse über den Zustand unseres Daseins sind von Leuten mit einem Vogel zu erwarten, den »Verrückten«, den ausgefallenen Typen. Nicht von Philosophen, die Rückgänge wie die an der Carna grobla und Goramsica entweder nicht zur Kenntnis nehmen würden, weil nicht sein kann, was nicht sein darf, oder sie pitzelten daraus einen werweißwasfüreinen Erfolg.

Ich bin vom Wahnsinn der Metapher besessen. Ich will wissen, ob die beiden Exemplare der Mandelkrähe noch im Land sind. Es liegt im Urinteresse meiner ethnischen Art, daß ich wissen muß, ob in meiner Zeit, vor meinen Augen (damit ich als Zeuge gerufen werden könnte, falls es zum Gerichtstag kommen sollte), ob in meiner Zeit vor meinen Augen etwas zu Ende gekommen ist, was nicht hätte zu Ende kommen sollen. Ich wünsche mir, der schöne Vogel möge noch da sein. So wie ich mir die Welt nur mit meiner ethnischen Art vorstellen kann. Sein, ihr Ausbleiben bedeuteten Verlust. Nach und nach wäre die Armut landesweit spürbar. Vielleicht sogar kontinental und planetar. Eine Farbe weniger. Zunahme der Grauwerte. Ein Laut weniger, eine Sprache weniger. Zunahme des Schweigens. Es ist ein Irrtum – er könnte der Menschheit auf ihrer revolutionären Kehrtwendung kräftig helfen –, es ist ein Irrtum zu glauben, die Völkerverständigung auf der Erde ginge schneller voran, wenn es weniger Sprachen gäbe, also sollte man sich um den Verlust einer winzigen, der kleinsten slawischen zumal, nicht soviel Gedanken machen. Anderes sei wichtiger, zum Beispiel, daß in den Gruben die Arbeit bleibt und die Kraftwerke ihren Fraß bekommen, Pech, daß die Kohle, die man dazu braucht, gerade unter Dörfern liegt, in denen die Sprache noch gesprochen wird.

Aber ich warne wider alle rationalen Argumente vor der drohenden endgültigen Abfahrt des Vogels. Vor dem Versanden eines Ethnikums mitsamt seinen Farben im Kippenkies des auf den Kopf gestellten Tertiär, selbst wenn die fortschreitenden sprachlichen und kulturellen Assimilierungen nicht nur dem bergbaulichen Abraum, sondern anderen, gefährlicheren, weil ziemlich dummen freiwilligen Abräumungen geschuldet sind.

Mir sind die Rangordnungen nicht geheuer. Die Ordnungen, unter denen die Kohle immer, die Mandelkrähe niemals mit einem politischen Primat rechnen kann. Sie wird bei der Frage, was für uns im Augenblick wichtiger ist, immer ihren schönen Schwanz einziehen müssen. Das will mein demokratisch denkender Kopf nicht einsehen. Und ordnet Angst an: Wir könnten in unserer geheizten artenarmen Welt frieren.

Ich beantrage ein Einspruchsrecht der Buntschwänzigen.

ES IST MITTE AUGUST. Wir haben uns zur ersten Fahrt ins biotopische Areal der Blauracke aufgemacht. An die Ufer der Carna grobla und Goramsica. Fast lächerlich die Vorstellung, wir könnten eins der beiden Exemplare vor die feldstechenden Augen bekommen. Mein Sohn Ilja glaubt jedenfalls an keinen guten Ausgang. Er bittet seinen Freund Silvio mitzukommen. Der stimmt unter der Bedingung zu, daß er auf den in Aussicht gestellten weiten Wiesen und Stoppelfeldern seinen selbstgebauten Bumerang ausprobieren darf. Natürlich richten wir gleich hinter Peitz auf jeden Vogel unsere Gläser. Vor allem auf die, die »auf freien Warten und Telefondrähten« sitzen, auf vorbeifliegende Insekten wartend, ob nicht unter ihnen einer ist, der die Ausmaße von 30 Zentimetern überschreitet, mit »azurblauem Gefieder und kastanienbraunem Rücken, grünlichem Schwanz, lebhaft blauen Flügeln, die (im Fluge zu sehen) schwarz gesäumt sind«.

Nein, dermaßen aufsehenerregend präsentiert sich hier kein Vogel. Obwohl einer lange unsere auffallend vorsichtige Annäherung erträgt, allein auf dem durchhängenden Draht der Überlandleitung sitzend.

Die Jungs lenken mich für einen Augenblick ab. Im selben verläßt er seine industrielle Warte im Gleitflug durch die flimmernde Luft, abwärts dem Wäldchen zu, in dessen dunklen Färbungen er nicht mehr auszumachen ist. Der gesuchte war es nicht.

Hinter den Wäldchen ist die Kiesgrube Garkoschka. Mit splitternackten Badenden am Ufer. Wir hören nichts von ihnen. Auch die mächtigen Elektromaste, unter denen wir über ein Stoppelfeld laufen, stören nicht. Sie sind in ihrer statischen Ausgewogenheit, ihrer weitläufigen Nullperspektive, ihrer geometrischen Schönheit Bestandteil des Areals geworden. Angenommen von Vögeln und Bäumen. Auch der Bumerang, der sich unter ihnen ausprobieren läßt, wird keinen Vogel verjagen. Vom Kinderspiel geht die Störung nicht aus. Auch nicht von naturfreundlicher Technik, wie man sehen kann. Die Störung geht immer von machtbesessener Dummheit aus, von der Borniertheit des politischen Primats, von dem Protz, der sich stets im Geleitzug der menschlichen Kreativität befindet und die Vernunft versucht zu überholen.

»Was einmal gedacht wurde, kann nicht zurückgenommen werden«, sagt Dürrenmatts enttäuschter Physiker Möbius in der Komödie, in der einem das Lachen vergeht, in der der nützliche technische Geist in die Hände einer gemeingefährlichen buckligen Jungfer fällt.

Hier, wo wir auf der Suche nach dem bunten Vogel sind, stört der Funkwagen der landwirtschaftlichen Produktionsgenossenschaft, der auf der anderen Seite der Carna grobla steht, dessen Lautsprecher durch die links und rechts sperrangelweit geöffneten Türen des khakifarbenen LKWs Anweisungen des Dispatchers in die Landschaft plärren.

Ein mächtiger Traktor mit Anhänger rattert, nein, sein achtzylindriger Motor PStet, daß die Kolbenstöße in den Wucherungen der beiden Ufer zu spüren sind. Auspuffqualm liegt zerfasert über dem Wasser des Fließes. Kompromißlerisch fortschrittsgläubig könnte man geneigt sein, in ihm den Rest des Morgennebels zu sehen. Dem Traktor voran fährt ein Grashäcksler, zerschnipselnd den sattgrünen Wildwuchs.

Warum, frage ich mich, fragen auch die Jungs, warum läßt man der Natur hier nicht ihre Ruhe? Ist der Einbruch ins Paradies der Mandelkrähe gerechtfertigt? Wodurch? Die Kalkulation bitte! Sind Gewinne und Verluste miteinander abgewogen? Ist überhaupt die Möglichkeit des Verlusts bedacht worden? Was hat hier die Erfindung des drahtlosen Meldewesens zu suchen, wenn nicht etwas zu ornithologischen Zwecken? Warum verläßt der khakifarbene LKW nicht den Archipel, die letzte Brut- und Heimstatt der Blauracke, die die sorbischen onomatopoetischen Namen Rjagawa und Rakajca trägt?

Wir brauchen Grenzen und das Verbot ihrer Überschreitung, wenn die Arbeit an einer grenzenlosen Welt ihren Sinn behalten soll.

Im 19. Jahrhundert lebte im Staate Washington das Volk der Duwamish-Indianer. Der 14. Präsident der Vereinigten Staaten von Amerika, Franklin Pierce, wollte ihr Land für weiße Siedler kaufen. Seattle, der Häuptling der Duwamish, der sorbisch Sydler, Siedler, hieße, hielt im Jahre 1855 vor dem Präsidenten eine Rede.

»Ich weiß nicht, unsere Art ist anders als die eure«, soll er gesagt haben. »Wir wissen, daß der weiße Mann unsere Art nicht versteht. – Er behandelt seine Mutter, die Erde, und seinen Bruder, den Himmel, wie Dinge zum Kaufen und Plündern. – Das Tier, der Baum, der Mensch – sie alle teilen denselben Atem.« Und weiter sprach der bunte Vogel Seattle: »Die Erde gehört nicht den Menschen, der Mensch gehört zur Erde. – Der Mensch schuf nicht das Gewebe des Lebens, er ist darin nur eine Faser. Was immer ihr dem Gewebe antut, das tut ihr euch selber an. –

Wie kann ein Mensch seine Mutter besitzen? – Wenn die Büffel alle geschlachtet sind, die wilden Pferde gezähmt, die heimlichen Winkel des Waldes schwer vom Geruch vieler Menschen und der Anblick reifer Hügel geschändet von redenden Drähten – wo ist das Dickicht – fort, wo ist der Adler – fort. – Das ist der Beginn bloßen Überlebens.« So Seattle, Ursiedler Sydler, Häuptling Rakajca von der Carna grobla.

Die Duwamish-Indianer gibt es nicht mehr.

Wir leben in einer Umbruchzeit. Der wohl wichtigsten der Menschheitsgeschichte. Am Ende der Aufstiegseuphorie. Am Beginn umfassendster Zweifel. Der Umwertung der Werte. Es ist die große Zeit der Erhaltungen gekommen, der vielfältigsten Bewahrungen: der Bewahrung des Friedens, des Lebens, der Welt, der Umwelt, ihrer schon übersehbaren Äußerungen.

Das ist die Zeit der universalen Angst, daß sich die Evolution zu ihrem Ausgangspunkt zurückdrehen könnte, bis zum Urknall. Die des radikalsten Umdenkens also, daß die Philosophen ins Stocken geraten. Ihre bisherigen Überlegungen, wie sich die Menschen auf Erden am besten einrichten könnten, von Platon über Augustin, Campanella, Thomas Morus, Saint Simon, Bakunin bis Marx endeten in der Vorstellung: Omnia sint communia, alles sei gemeinsam.

Die Träume dieser »sozialen Weltverbesserer«, wie sie Ernst Bloch nennt, fanden ein zunächst gutes Ende mit dem Aufwachen im Morgengrauen, als am Abend zuvor der Schuß der Aurora auf der Newa gefallen war. Nun aber ist es an der Zeit, daß die Träumereien der ARTENBEWAHRER ernstgenommen werden: Omnia, quae sunt, maneant, alles, was ist, bleibe!

Das gemeinsame Alles darf nicht in mangelhafter Obhut der Allgemeinheit langsam, aber sicher zum Wenig reduziert, am Ende zum Nichts degeneriert werden. Dann hätte die Omnia-sint-communia-Gesellschaft gerecht an alle nur noch Nichts zu verteilen. Als dann ein infernalisches Gelächter aller über alle sozialen Philosophien ausbrechen könnte. Dann hätte wirklich alles nichts bedeutet.

Die Zeit der Bewahrungen ist zugleich die der Gebliebenen, der Kleinen, der auf Restexemplare Reduzierten, der Minoritäten, sozialen, biologischen, ethnischen. Sie, deren exemplarisches Nochvorhandensein sowohl Glück als auch Gefahr anzeigen, besitzen eine besondere Sensibilität für alles, was Störung bedeuten könnte. Sie, wir, die noch Vorhandenen, die wenigen Buntschwänzigen, wissen, fühlen, ahnen die Verarmung, bevor sie eingetreten ist. Wir sind die, die Auskunft geben können über die Beschaffenheit der Angst, die einen befällt, wenn das eigene historische Ende naht. Für uns ist es vorstellbar geworden. Wir wissen, wie es ist, wenn etwas zu Ende geht. Wir sind in der Lage, den Schmerz der endenden Art zu beschreiben. Als Betroffene. Nicht als Beobachter aus der Ferne, für die es eines der vielen Naturspektakel sein könnte, von der die Genesis lebt: Die einen kommen, die anderen gehn, nicht wahr, was soll's! Nein, in uns ist der Übersinn der Selbsterhaltung, die Verrücktheit der Harzer Tanne, die sich im Todesangsttrieb mit unnatürlich vielen Zapfen behängt.

In uns ist der Widerstand gegen eigene und fremde Gleichgültigkeit. Wir, beseelt von dem bleibenden Wunsch zu bleiben, müssen uns um Dinge kümmern, für die andere keine Zeit opfern: um die Sprache in der Familie, im Dorf und Buch, um das Publikum im Theater, um die Busse, die uns aus den Dörfern holen und wieder dorthin bringen. Uns kann es, anders als dem Deutschen Theater, nicht Wurst sein, wieviel Arbeiter und Bauern im Parkett sitzen. Wir spielen fast ausschließlich für sie. Das DT fast ausschließlich für sie nicht –

Wir haben von der Krankheit der Anonymität gehört, aber wir leiden nicht unter ihr. Das Vergnügen unserer Vergnügungen ist Fremden oft nicht erklärbar.

Die Aufschlüsse der Tagebaue, in deren Gruben unsere Dörfer abfahren, vermögen wir nicht als ökonomischen Erfolg zu begreifen. Wir sehen in ihnen, was sie sind: die einfältigsten der möglichen Einfälle einer technisch hochentwickelten Nation.

Wir besitzen ein drittes Auge. Es ist nur uns gewachsen. Es sieht vieles anders. Es vermag die Welt zu sehen, wie sie nach der uns drohenden endlichen Abfahrt sein wird. Das Auge der anderen Sicht. Das Spuren sichernde Auge. Das auf Täter und Töter aus ist. Das Auge des grenzüberschreitenden Weitblicks, des regionalen Weltbürgers, des Mikrowesens, ohne das das angestrebte Makrogemeinwesen eine lächerliche Utopie bleibt. Wie wenn der Revierförster seinen Wald zu pflegen vorgibt, dessen Bäume er nacheinander, die seltensten zuerst, absterben läßt.

Ohne uns wird kein Wald, kein Staat zu machen sein. Wir sind zu befragen. Mit uns ist zu überprüfen, was geht, was nicht.

Das will von Schriftstellern geschrieben, von Schauspielern gespielt, von Malern gemalt sein. Das will sein.

Wir sind nicht gefeit vor konservativem Werte-Erhaltungs-Kitsch. Doch es bleibt die große Chance aller talentierten Mandelkrähen.

Wir geben die Suche nach der Blauracke auf. Der Mißerfolg, von meinen realistisch denkenden Jungs vorausgesagt, ist zu ertragen. Wir werden entschädigt von fünfzig oder mehr Jungstörchen, die neben, über, vor uns ihren ersten Weitflug üben, sich sattfressend an Mäusen, die nach dem Grashäcksler nicht schnell genug ihre Löcher finden.

Ein paar Tage später fahre ich noch einmal ins Areal. Mit J., wie gesagt, dem Ornithologen. Aber wir unterhalten uns vorsichtshalber über den Storch. Die relativ sichere Majorität, deren Sitten und Gepflogenheiten, ihre schwarz-weiß-rote politische Farbgebung, die große Faszination, die von Großen ausgeht, ihren kräftigen Flügelschlag, den schönen Wechsel ihrer Partnerschaften und die nützliche Großschnäbligkeit.

Aber da unterbricht J. meine Ablenkung. »Dort!« sagt er. »Was ist das?«

Wir springen ins hohe Gras der Wiese. Auf einem Draht der Stromleitung über uns sitzt ein Vogel mit den Maßen des gesuchten. Bevor wir unsere Gläser an die Augen bringen können, läßt er sich fallen und fliegt gaukelnd davon.

»Das ist sie!« sagt J. »Das ist sie!«

Ich will's nicht glauben. Widerspreche, zweifle, allerdings in der Hoffnung, daß er recht hat.

DAS ZWEITE GESPRÄCH

Eine Pistole in der Hosentasche

Schokolade für hundert Westmark

Hemden aus dem Jahre 1923

Die Sakima: die Sand-und-Kiefern-Macke

Liedboykott gegen den Armeechef

Buschs Ohrfeige für Honecker

Urlaub mit hängender Zunge

Zwei Jahre Training für ein einziges Lied

hier bin ich geborn
so wie ins wasser fiel der stein
hier hat mich mein gott verlorn
hier holt er mich wieder ein

GERHARD GUNDERMANN
(aus »hier bin ich geboren«)

HANS-DIETER SCHÜTT: *Gerhard, wie heißen deine Eltern?*

GERHARD GUNDERMANN: Der Vater Ernst, die Mutter Edith.

HANS-DIETER SCHÜTT: *Was arbeitete deine Mutter?*

GERHARD GUNDERMANN: In der *Schwarzen Pumpe* war sie Gewerkschaftsfunktionärin, leitete zuletzt das Ferienheim in Rheinsberg.

HANS-DIETER SCHÜTT: *Dein Vater ist tot. Wie ist dein Verhältnis zu deiner Mutter?*

GERHARD GUNDERMANN: Meine Mutter lebte lange allein, sie kann inzwischen mit niemandem länger zusammen sein. Mit ihr eine gegensätzliche Meinung auszudiskutieren, ist schwer. Man muß auch sehen, daß sie wegen mir oft Streß kriegte, dauernd Kakao am Hut hatte. Erst hatte sie in der DDR Ärger wegen mir, und auch nach der Stasi-Geschichte vor kurzem …

HANS-DIETER SCHÜTT: *… da kommen wir noch drauf …*

GERHARD GUNDERMANN: … da kriegte sie anonyme Anrufe, ob sie denn wisse, was sie an so einem wie mir hochgezogen habe. Als ich mich um meinen toten Vater kümmerte, sagte sie: Kümmer dich lieber um die Lebenden.

HANS-DIETER SCHÜTT: *Hat sie recht?*

GERHARD GUNDERMANN: Wahrscheinlich. Sie kommt aus einer Generation, die um so vieles betrogen wurde. Diese Menschen haben ihr Leben hingetan, und sie mußten sich zu allen Zeiten fragen, wofür. Sie kriegten alles erst dann, als sie keine Kraft zum Genießen mehr hatten. Wenn sie denn was kriegten! Meistens war es aber anders: Die haben sich was aufgebaut, aber am Ende ihrer Kräfte wurde ihnen gesagt, es sei alles nur Spaß gewesen. Die gehen heute schwarz arbeiten, um sich ein bißchen was leisten zu können. Mein Vater sparte jahrelang, zu Hitlers Zeiten, auf einen Volkswagen. Als er das Geld zusammenhatte, fuhren die Dinger im Krieg. Später schrieb er sogar an Willi Stoph, ob die Regierung der DDR ihm nicht helfen könne, den abbezahlten Volkswagen zu bekommen. Willi Stoph konnte ihm natürlich nicht helfen. Ich verstehe die Verbitterung dieser Generation.

HANS-DIETER SCHÜTT: *Versuch mal, deine Mutter zu beschreiben.*

GERHARD GUNDERMANN: Schwer. Sie ist flink, rechthaberisch, und sie hat nie gerechnet.

HANS-DIETER SCHÜTT: *Warum hebst du das mit dem Rechnen so hervor?*

GERHARD GUNDERMANN: Wenn sie verantwortungsbewußt gerechnet hätte, hätte sie uns nicht durchbekommen. Aber sie hat nicht gerechnet. So kriegten wir mehr, als uns dem Portemonnaie nach zustand. Aber es war immer Not am Mann. Drei, vier Tage vorm Lohntag war das Brot alle.

HANS-DIETER SCHÜTT: *Kannst denn du mit Geld umgehen?*

GERHARD GUNDERMANN: Ja. Ich habe ja eine harte Schule hinter mir. Ein Hauptpunkt der Auseinandersetzung in meiner eigenen Familie ist ziemlich oft die Frage, wofür man Geld überhaupt ausgibt. Bei diesem Thema werd' ich schnell wuschig und fuchtig. Der Obergag war mal, daß wir in der DDR durch irgendwelche Tauschaktionen plötzlich zwei Fünfzig-Mark-Scheine in West hatten. Heilige Überlegungen stellten wir an, was man dafür wohl kaufen könne. Connys und mein Traum war ein Schaukelstuhl, der kostete genau hundert und eine Mark. West! Nachdem wir uns durchgerungen und die noch fehlende Mark aufgetrieben hatten, langten wir in die Schublade, und das Geld war weg. Die Kinder hatten sich dafür im Intershop Schokolade gekauft. Für hundert Mark West! Das hat mich tief erschüttert. Unbegreiflich!

HANS-DIETER SCHÜTT: *War deine Mutter schon mal in einem deiner Konzerte?*

GERHARD GUNDERMANN: Bist du noch gescheit? Ich erschrecke doch nicht ältere Frauen. Außerdem hat sie andere Sorgen. Und zum dritten: Wir spielen sehr selten in meiner Gegend. Rund um Hoyerswerda ging bisher immer irgendwas schief, bei welchem Auftritt auch immer. Außerdem wuchs in den letzten DDR-Jahren der Streß, der ging ja nicht spurlos an meiner Mutter vorbei. Eine Lehrerin wollte mich mal in die Schule einladen, da wurden ihr in der Parteiversammlung die Leviten gelesen, ich sei schließlich kein Vorbild, ich würde mich nicht waschen, und ich hätte meine gesamte Wohnung schwarz angestrichen, sogar das Klo. Einmal aber fuhr meine Mutter mit dem Stadtbus, die Linie führte am Kulturhaus vorbei, und da hörte meine Mutter, wie ein kleines Mädchen sagt: Guck mal, Mama, das ist das Schloß, in dem die Prinzessin wohnt. Im Kulturhaus führten wir die Märchenspiele für Kinder auf, und so ein Satz tat ganz gut. Ihr und mir natürlich auch.

HANS-DIETER SCHÜTT: *Welche Erinnerung hast du an deine frühe Kindheit?*

GERHARD GUNDERMANN: Am kleinen Wäldchen in der Abraham-Lincoln-Straße in Weimar war es ein tolles Wohnen. Die Eltern machten Fahrradausflüge mit mir, ich saß bei meinem Vater vorn in so einem Körbchen und war der Meinung, wir führen schneller, wenn ich mit beiden Beinen auf den festsitzenden Fußstützen rumstampfte. Und tatsächlich fuhr mein Vater ja schneller als meine Mutter; das konnte nur an meiner Beinarbeit liegen. Irgendwann, zu Weihnachten, kam meine Schwester auf die Welt, und ich glaubte, von nun an vom Abwasch freigestellt zu sein. Aber das trat nicht ein, und zudem mußte ich begreifen, daß sie erst mal zwei Jahre lang im Kinderwagen zu fahren ist. Und zwar von mir. Das nervte tierisch. Den alten Musikschrank habe ich noch, die Lampe, unter der ich die ersten Märchenbücher las, steht heute auf meinem Schreibtisch. Ich weiß noch, wir hatten einen langen Flur, und ich raste drüber weg mit einem hölzernen Lastauto. Das war überhaupt das irrste Spielzeug, das ich besaß. Unser Fernseher ging regelmäßig kaputt, und zwar immer genau eine Woche vor Weihnachten. Sonntags wurde es spannend: Da kam die Programmvorschau; es wurde alles per Hand mitgeschrieben, und man erfuhr, was nächste Woche kommt. Ohne diese Programmzeitschriften-Inflation, die es heute gibt. An Meister Nadelöhr erinnere ich mich, an Professor Flimmrich und Meister Briefmarke. Mich nervte, daß das Ostbild verschwommener als das Westbild und der Ton nie ganz klar war.

HANS-DIETER SCHÜTT: *Ihr gucktet Westfernsehen?*

GERHARD GUNDERMANN: Ja. Aber ich glaube, wenn es an der Tür klingelte, wurde umgeschaltet.

HANS-DIETER SCHÜTT: *Wie würdest du euer damaliges Familienleben beschreiben?*

GERHARD GUNDERMANN: Das war nicht so einfach. Mein Vater war gelernter Werkzeugmacher, er arbeitete im Uhrenwerk, als Lehrausbilder, meine Mutter war damals Sachbearbeiterin. Die Ehe ging nach achtzehn Jahren in die Brüche, meine Mutter zog mit uns beiden Kindern nach Hoyerswerda. Da war ich zwölf Jahre alt. Hoyerswerda! Einen größeren Kontrast zu Weimar konnte es gar nicht geben. Die aus Zwickau kamen, die Männer von der Steinkohle, die sagten immer, hier kriegt man die Sakima – die Sand-und-Kiefern-Macke. In einem Schulaufsatz schrieb ich, Hoyerswerda sei eine Scheißstadt, hier fiele der Putz von den neuen Häusern, ich müsse jeden Morgen eine Tasse Schnaps trinken, um zu überleben, und der Abschaum der Menschheit träfe sich hier. Meine Lehrerin machte mir klar, daß auch ich dazugehöre. Wir wohnten zunächst, etwa zwei Jahre lang, in einer Einraumwohnung, zu dritt. Die nächste Wohnung war größer, aber glücklicher wurde ich dennoch nicht.

HANS-DIETER SCHÜTT: *Was waren denn so erste Berührungen mit Kunst?*

GERHARD GUNDERMANN: In Weimar? Da fuhr ich mit dem Roller immer die Stufen vorm Nationaltheater runter. Das prägte mich wesentlich. Sonntag früh ging's ins Kino, viel gelesen habe ich. Ein Freund brachte mir später im Verlauf von zwei Jahren »Ein Haus in New Orleans« auf der Gitarre bei. F-dur, Barré-Griff – o Gott, eine unvergeßliche Quälerei. Außerdem gab es in unserer Schule eine Lehrerin, deren Klasse fast vollständig den Singeklub stellte – da machte ich mit, und wir unternahmen sehr viel. Diese Lehrerin war die ideale Frau für den ersten musikalischen Schritt. So was braucht man, so was kann über ein Leben entscheiden.

HANS-DIETER SCHÜTT: *Nenn mal, ohne lange zu überlegen, ein Buch von damals.*

GERHARD GUNDERMANN: »Der rote Jim«, aus Knabes Jugendbücherei Weimar.

HANS-DIETER SCHÜTT: *Hast du noch Bücher von früher?*

GERHARD GUNDERMANN: Nein, da ist nicht mehr viel da. »Weltall, Erde, Mensch« habe ich noch, das Jugendweihe-Buch, ein irres Werk.

HANS-DIETER SCHÜTT: *Wieso denn irre?*

GERHARD GUNDERMANN: Dieses Buch konnte ich aufschlagen, wo ich wollte, es hat mich immer gefesselt. Und auch die hundertmal gelesenen Stellen brachten beim hundertundeinenmal noch was Neues.

HANS-DIETER SCHÜTT: *Was liest du heute?*

GERHARD GUNDERMANN: Stephen Hawking, Hoimar von Ditfurth, Manfred von Ardenne.

HANS-DIETER SCHÜTT: *Wie warst du als Schüler?*

GERHARD GUNDERMANN: Gut war ich selten, aber immer eifrig. Ich meldete mich wie wahnsinnig, wurde aber oft konsequent übersehen.

HANS-DIETER SCHÜTT: *In Richard Engels Filmporträt »Gundi Gundermann« sagt deine Mutter über dich: »Er war ein Einzelgänger. Mit bestimmten Kindern muß man schimpfen und Disziplinarmaßnahmen einleiten, weil sie zuviel draußen rumtollen. Mit ihm mußte ich schimpfen, damit er überhaupt mal auf die Straße und an die frische Luft geht. Er hatte keine Schulfreunde, er beschäftigte sich bis in die Nacht mit sich selber.«*

GERHARD GUNDERMANN: Ich versuchte, in der Klasse dazuzugehören, aber das ging nicht. Heute denke ich, daß ich ein starkes Grundproblem habe mit Hierarchien. Entweder ganz oben oder gar nicht. Auch wenn ich es wollte, ich konnte mich nie richtig einordnen. Ich empfinde das auch keineswegs als Vorteil. Ich habe mich immer danach gesehnt, einer unter anderen zu sein.

HANS-DIETER SCHÜTT: *Wie war dein Verhältnis zum Vater?*

GERHARD GUNDERMANN: Mein Vater brach den Kontakt mit mir ab. Er kam nach der Scheidung dann doch wieder zu meiner Mutter, zog auch nach Hoyerswerda, sie wollten wieder heiraten. Kurz vor dieser Hochzeit wurde er verhaftet. Er hatte aus dem Weltkrieg eine Pistole mitgebracht, die fand ich als Zwölfjähriger und bin damit in der Gegend rumgelatscht. Das Ding hatte ich in der Trainingshose, es hing mir fast bis an die Kniekehle, so ging ich an der Polizei vorbei: Wenn ihr wüßtet! Eines Tages wurde mein Vater wegen unerlaubten Waffenbesitzes angeklagt; auch legte man ihm zur Last, Material aus dem Betrieb mit nach Hause genommen und Uhren gebastelt zu haben. Aber er verscheuerte nie etwas für Geld, ihm tat nur Zeug leid, das irgendwo volkseigen verrottete. Jetzt, nach seinem Tod, er starb achtzigjährig, betrat ich nach zwanzig Jahren wieder seine Wohnung und stellte fest: Ich hätte sofort einziehen können. Ich wußte, so sieht meine Wohnung in zwanzig Jahren auch aus. Die gleiche Sammelleidenschaft! Eine Schublade ist für mich kein Nutzmöbel, sondern ein Nest, in dem sich ein Kosmos kuscheln kann. Vater hob alles auf, von der technischen Zeichnung aus seiner Lehrzeit bis zu den Hemden aus dem Jahre 1923. Schrauben und Bleistifte, die erzählen deutsche Geschichte. Ich holte viel von Vaters Zeug nach Hause, und irgendwie fand ich plötzlich wieder die Nähe zu ihm. Als er lebte, hatte ich kein Verhältnis zu ihm. Er war ein harter Mann, ich hatte Angst vor seinen Prügeln. Wenn meine Schwester log, hatte sie Phantasie; wenn ich log, gab's Dresche. Vielleicht bohrte ich aus verletztem Ehrgefühl bei meiner Mutter gegen ihn, vielleicht war ich also ein bißchen schuld daran, daß sich beide in die Haare kriegten. Er jedenfalls hielt mich immer für den Grund, daß Mutter sich scheiden ließ. Jetzt trage ich seine Klamotten, hier, das Buch, in dem ich schreibe, das ist eins von seinen Schreibbüchern. Den Kontakt brach er auch ab, weil es ihn in seinem Stolz zutiefst verletzte, durch die Waffengeschichte in den Augen seiner Mitmenschen nicht mehr geachtet zu sein, und auch in diesem Punkt gab er mir die Schuld für das nunmehr versaute Leben. In seinem Zettelkasten fand ich nach seinem Tod viele Zeitungsausschnitte, meine Person betreffend, meine Auftritte, meine Musik.

HANS-DIETER SCHÜTT: *Familie Gundermann jun. – welche Beziehungen hast du zu deinen Kindern?*

GERHARD GUNDERMANN: Das ist etwas kompliziert. Ich hatte mal, wie man so schön sagt, eine Liebe in Moskau, eine künftige Theaterregisseurin. Wir kamen nicht zusammen, weil sich keiner von seiner Lebenswelt trennen wollte und konnte. Was blieb, ist ein Sohn, den sah ich jahrelang nicht. Jetzt entspinnen sich erste Kontakte. Meine Frau brachte zwei Kinder aus ihrer ersten Ehe mit. Zwischen zwanzig und dreißig waren wir derart mit uns selbst beschäftigt, rannten fünfmal in der Woche zur Probe und sahen und beachteten nicht, wo die Talente unserer Kinder liegen. Wir schaufelten nicht die entsprechenden Freiräume für ihre Entwicklung. Das sehe ich heute als ein nicht wiedergutzumachendes Versäumnis. Die Große ist zwanzig, sie lernte Wirtschaftskauffrau, versuchte, in Berlin zu leben, kam aber nicht klar in der Großstadt. Sie ist ein sehr verwurzelter Mensch; von ihrem ersten Freund bekommt sie jetzt ein Kind, die beiden werden sicher heiraten. Der Sohn ist siebzehn, er lernt Dachdecker. Wenn er nach Hause kommt, setzt er sich ans Keyboard. Ja, und dann ist da noch unsere Linda, sie ist drei und setzt sich rücksichtslos gegen ihre Eltern durch. Woran man auch sieht, daß Erwachsene weich werden mit wachsendem Alter.

HANS-DIETER SCHÜTT: *Du hast von Talenten gesprochen. Würdest du denn gern wollen, daß die künstlerische Ader in der Familie weiterwächst?*

GERHARD GUNDERMANN: Es geht gar nicht um künstlerische Talente. Man muß dafür sorgen, daß sich Menschen, die einem anvertraut sind, ihrer speziellen, unverwechselbaren Außergewöhnlichkeit bewußt werden. Egal, auf welchem Gebiet.

HANS-DIETER SCHÜTT: *Deine Frau Conny arbeitet zur Zeit nicht, sie ist zu Hause.*

GERHARD GUNDERMANN: Eine Großfamilie wie unsere ist nicht zu organisieren, wenn nicht einer die Rennerei übernimmt. In dieser Bundesrepublik kann sich schon deshalb keine wirkliche Opposition bilden, weil die Hälfte des geistigen Potentials fürs Ausfüllen der Steuererklärung draufgeht. Die Methode ist nicht zufällig, die ist raffiniert geplant.

HANS-DIETER SCHÜTT: *Macht's Conny gern?*

GERHARD GUNDERMANN: Nein. Sie ist der gehandicapte Teil der Familie.

HANS-DIETER SCHÜTT: *Du hast sie im Singeklub kennengelernt?*

GERHARD GUNDERMANN: Nein, eigentlich schon früher: Wir gingen in die gleiche Schule in Hoyerswerda, sie war in der siebenten, ich in der achten Klasse. Damals gab es von mir die ersten, freilich vergeblichen Annäherungsversuche. Später war sie verheiratet mit einem aus dem Singeklub, und eines Tages ergab sich die Frage, ob wir beide nicht doch glücklicher werden könnten, wenn wir zusammenleben.

HANS-DIETER SCHÜTT: *Bist du eigentlich ein Mensch, der auch Urlaub machen kann?*

GERHARD GUNDERMANN: Das landläufige Programm ist meines nicht: Ein Jahr lang nicht zu leben, um dann für vier Wochen Urlaub die Sau rauszulassen. Davor und danach nur die hängende Zunge? Nee. Zur Zeit ist das Spannungsfeld so: Fährt man mit Kindern eines bestimmten Alters in Urlaub, wollen die was erleben, die Alten dagegen wollen ihre Ruhe. Und ich bin alt. Was wir sicher mal machen werden, ist eine Reise mit Wohnanhänger, die ganze Familie drin. Ich bin allerdings auch kein Sonnentyp – die beliebten Fahrten nach Süden sind mir ein Greuel. Draußen das Dach über der Terrasse habe ich nur gebaut, weil die Sonne so knallt. Notwehr. Norwegen, Schweden kämen schon eher in Frage. Also: Schatten mag ich, und wenn's schon Palmen sein sollen, dann am Abend. Kubanischer Winter, das wär's.

HANS-DIETER SCHÜTT: *Ist Reisen ein Zeichen der Freiheit für dich, ein Lockruf?*

GERHARD GUNDERMANN: Nee, so nicht. Freiheit ist was für Tiere. Ich bin eher 'ne Pflanze. Ich brauch' keine Freiheit, ich komme dort klar, wo ich bin. Ich muß der Sonne nicht hinterherrennen, ich warte, bis sie vorbeikommt. Ich nehme das, was ich kriege, und das ist eine Menge. Man muß bloß Augen, Ohren und Hände aufmachen. Gemessen an den Kriterien der Wohlstandsgesellschaft, bin ich arm. Aber wenn ich meine eigenen Kriterien anwende, fühle ich mich als schwerreicher Mann: Ich habe ein Dach überm Kopf, in einem Reihenhaus, das war spottbillig, ich habe Familie, wir haben zu essen, zu trinken und was anzuziehen, und wenn wir im Sommer aus dem Fenster gucken, sehen wir Bäume. Ohne Übertreibung: Ich bin ein Weltmeister im Zurückschrauben von Ansprüchen. Am liebsten trage ich die Hemden von meinem Vater, die ich schon erwähnte, die stammen wirklich noch aus dem Jahre 1923. Ich brauche wenig; ich brauche meine Musik, einen Löffel, eine Tasse, und alles muß an seinem Platz sein. Punkt.

HANS-DIETER SCHÜTT: *Deine Familie – erleidet sie dein Lebensprogramm, befördert sie es, teilt sie es oder ist es ihr gleichgültig?*

GERHARD GUNDERMANN: Alles. Von jedem etwas.

HANS-DIETER SCHÜTT: *Wer ist der erste Kritiker deiner Musik?*

GERHARD GUNDERMANN: Erst mal ich. Dann freilich Conny, meine Frau. Deshalb versuche ich des öfteren, diese Kritik zu umgehen.

HANS-DIETER SCHÜTT: *Eines Tages wolltest du unbedingt Politoffizier werden.*

GERHARD GUNDERMANN: Das Militärische reizte mich immer.

HANS-DIETER SCHÜTT: *Tatsächlich?*

GERHARD GUNDERMANN: Ja, obwohl ich natürlich gar nicht dafür strukturiert bin. Aber das ist das Problem kleiner, blasser, schmaler Jungs, die zudem noch eine Brille tragen: Man will sich mit fremden Federn schmücken und am liebsten bewaffnet herumlaufen. Der zweite Punkt war: Ich hatte drei Eltern – Mutter und Vater, aber auch den Staat. Zurückgeben wollte ich eines Tages – weil ich doch bisher nur genommen hatte. Für mich stand die Frage des effektivsten Dienens. Kundschafter wollte ich werden, also Staats-Sicherheit an exponierter Stelle, und da dachte ich, über den Weg der Armee geht das möglicherweise am besten.

HANS-DIETER SCHÜTT: *Also die Suche nach dem großen Abenteuer.*

GERHARD GUNDERMANN: Ach, was heißt Abenteuer. Meine Mutter war alleinstehend, mit zwei Kindern. Geld war ohnehin nicht da, und ein anderes Studium hätte sie finanziell nicht durchgestanden. Auf der Offiziersschule in Löbau hatte ich Unterkunft und Essen frei, dazu Klamotten, und von dem Stipendium, ich glaube, das waren so um die 400 Mark, konnte ich meiner Mutter sogar noch etwas abgeben. Aber sehr schnell bekam ich mit, daß die NVA nicht gerade die Armee Che Guevaras war. Schon allein dieser Wahn, jeden Vorgesetzten grüßen zu müssen! Derart verschüchtert war ich, daß ich beim ersten Ausgang beinahe jeden Briefträger grüßte, jeden Eisenbahner. Dauernd riß ich die rechte Hand an die Mütze. Das ödete mich mit der Zeit an. Während des Selbstudiums beschäftigten wir uns nicht etwa mit Büchern, sondern probten zwei Stunden lang das Einrücken ins Klassenzimmer mit Schultasche. Neunzehnjährige junge Männer! Nun bin ich aber ein langsamer Denker. Es dauert bei mir eine Ewigkeit, bis ich zu einer Erkenntnis komme. Mein Baßgittarist machte schon nach drei Stunden Offiziersschule kehrt – bei mir dauerte es Monate, ehe ich den Laden in seiner Ödnis durchschaute. Mir war immer klar, daß ich rein geschichtlich auf der richtigen Seite lebte. Aber ebenso klar wurde mir auf der Offiziersschule, daß man sich auf dieser richtigen Seite leider durchaus an der falschen Stelle befinden kann.

HANS-DIETER SCHÜTT: *Warst du der einzige aus deiner Klasse, der Berufssoldat werden wollte?*

GERHARD GUNDERMANN: Nein, es gab noch ein paar mehr.

HANS-DIETER SCHÜTT: *Wie kamst du denn mit den körperlichen Anforderungen klar? Der schwache blasse Junge mit der Brille …*

GERHARD GUNDERMANN: Du wirst lachen: Beim Härtetest kam ich singenderweise durchs Ziel, auf dem Rücken sogar noch den Rucksack von einem Kumpel. Also ich konnte zwar rein sportlich keine Bäume ausreißen, aber Kondition hatte ich durchaus. Das Dünne ist immer auch das Zähe.

HANS-DIETER SCHÜTT: *Hattest du als treuer Jungsozialist auch Kontakte zu sowjetischen Soldaten?*

GERHARD GUNDERMANN: In Weimar gab es ein sogenanntes Russen-Magazin, dort konnte man Weintrauben und Wasserpistolen kaufen. Das ist meine erste Erinnerung an die Sowjets. Es blieb lange die einzige. Später als Offiziersschüler besuchten wir eine Kaserne der Roten Armee in Dresden, die wurde schwarze Kaserne genannt, weil es sich um eine ehemalige SS-Kaserne handelte. Freundschaftstreffen war angesagt. Da fiel mir auf, daß die Soldaten mit Händen in den Hosentaschen herumlaufen durften und sie nur ihre unmittelbaren Vorgesetzten grüßen mußten – wir dagegen jeden Löffel. Immer dieser halsverrenkende Blick auf fremde Schulterstücke und diese ständige Rechnung, hat der mehr drauf als ich … Bei den Russen erschütterten mich freilich diese riesigen Schlafsäle, die Betten dreifach übereinander. Sie kriegten wohl auch nur Kascha zu essen, diesen Weizengrieß. Nur wer Geburtstag hatte, wurde an den Nationalitätentisch gebeten und bekam, was es traditionell zu Hause gab. Insgesamt jedoch erschreckte mich dieser Besuch, aber ich traute mich nicht näher an dieses Problem heran. Schließlich war die Sowjetunion so etwas wie ein politisches Heiligtum.

HANS-DIETER SCHÜTT: *Du hast bei der Armee einen Singeklub aufgemacht.*

GERHARD GUNDERMANN: Ja. Ich komponierte dreistimmige Satzgesänge, ohne eine Note zu kennen. Das waren richtig gute Sachen, glaub ich, für den damaligen Maßstab jedenfalls. Wir organisierten ziemlich große Veranstaltungen, zu deren Teilnahme die Soldaten zum Teil verpflichtet wurden; aber immerhin: Sie gingen nicht eher, bis wir mehrere Zugaben gemacht hatten.

HANS-DIETER SCHÜTT: *Ihr spieltet auch zur 1. Mai-Parade in Berlin.*

GERHARD GUNDERMANN: Zu dieser Parade marschierten ja immer die Offiziersschüler. Je fünfhundert Mann Landstreitkräfte, Marine, Flieger und Grenze.

HANS-DIETER SCHÜTT: *Du warst Landstreitkräfte.*

GERHARD GUNDERMANN: Ja, Mucki. Im ehemaligen Zentralviehhof waren wir untergebracht, fünfhundert Mann in einer Halle. Wir vom Singeklub sollten so eine Art Vorkommando bilden, wir kochten den anderen Milchsuppe zum Frühstück und machten denen allen die Betten. Nachts um drei standen wir auf, es war wohl die schlafloseste Zeit meines Lebens. Wir spielten auf einem Rundfunkwagen, Vorprogramm sozusagen, danach trat eine Band auf, aber die meisten Zuhörer gingen da weg, sie meinten jedoch, wenn der Singeklub wiederkommt, sagt Bescheid. Ja, und eines Tages wollte der Armeegeneral Heinz Hoffmann unser Objekt inspizieren, wir sollten an der Einfahrt »Das war unser Genosse General« singen, ein Lied über Hoffmanns Leben als Arbeiterjunge in Wedding, später als internationaler Brigadist in Spanien. Das war uns zu blöd.

HANS-DIETER SCHÜTT: *Und das Ende einer kurzen militärischen Laufbahn …*

GERHARD GUNDERMANN: Mein Kompaniechef setzte mich als Singeklubleiter ab, und es hieß, so einer wie ich könne kein Politoffizier werden. Aber Taktischer Offizier kam für mich nicht in Frage. Dafür war ich zu trottlig. Allein beim Scheibenschießen erwies ich mich als derart kurzsichtig, daß ich nicht eine traf. Auch für die Panzerausbildung schien ich zu blöd. Also mußte ich wohl oder übel heimgehen, und niemand hatte was dagegen. Ich wurde aus Mangel an Verwendungsfähigkeit entlassen – nicht in Unehren, sondern aus Unfähigkeit. An einem 7. Oktober war dieser Vorfall mit dem Lied, im März des darauffolgenden Jahres wurde ich entlassen. Dadurch erledigte sich zunächst auch mein Wunsch, in die SED einzutreten. Über meine Mutter kriegte ich Kontakt zur Kaderabteilung im Gaskombinat Schwarze Pumpe. So fing ich als Hilfsarbeiter im Tagebau Spreetal an.

HANS-DIETER SCHÜTT: *Warum hast du, als Abiturient, kein anderes Studium aufgenommen? Wieso landet so einer wie du ausgerechnet im Tagebau?*

GERHARD GUNDERMANN: Vom Studieren hatte ich die Nase voll, ich wollte endlich Geld verdienen. Auch die vom Bergbau bedrängten mich später ein paar Mal; sie sollten ständig irgendwelche Leute zum Studium delegieren, im Rahmen von Qualifizierungsverpflichtungen. Ich sperrte mich jedesmal.

HANS-DIETER SCHÜTT: *Die Sache mit dem Singeklub bei der Armee – deine ersten Ansätze von Renitenz.*

GERHARD GUNDERMANN: Renitent bin ich eigentlich nie gewesen. Aber bestimmte Sachen einzusehen, das fällt mir halt schwer. Das erste Mal passierte das vor den X. Weltfestspielen in Berlin. Wir hatten eine FDJ-Sekretärin, und auch der Stellvertreter war ein Mädchen, die ist jetzt Pressesprecherin bei Kurt Biedenkopf. Sie war Pastors Tochter, und die FDJ-Sekretärin sagte sich, wenn eine Pastorentochter bei der FDJ mitmacht, warum soll ich nicht mal in die Kirche gehen, mal gucken, wie die das so machen. Das Ergebnis: Beiden wurde die Delegierung zu den Weltfestspielen weggenommen. Ein tierisches Faß wollte ich aufmachen; das unterblieb dann, weil die beiden Mädels das selber nicht wollten. Im übrigen wußte ich gar nicht, was für ein Faß man hätte aufmachen können. Aber wie gesagt, erstmals kam mir der Gedanke: Wenn zwei das gleiche wollen, kann das jeweils etwas ganz anderes sein. Ein gemeinsames Ziel ist das eine, tausend Wege dahin sind das andere.

HANS-DIETER SCHÜTT: *Genau der Gedanke hat dir ja später Ärger eingebracht, weil du behauptet hast, Erich Honecker und Ernst Busch hätten Schwierigkeiten miteinander. Dir wurde vorgeworfen, die Einheit von SED und Genossen Künstlern beleidigt zu haben – und das bei zweien, die gemeinsam in einem Zuchthaus gesessen hatten.*

GERHARD GUNDERMANN: Da gibt es eine hübsche Geschichte, die habe ich bei dem Brecht-Schüler Manfred Wekwerth gelesen: Busch drohte sogar Erich Honecker Prügel an. Brecht hatte 1951 für die III. Weltfestspiele der Jugend und Studenten den »Herrnburger Bericht« geschrieben, eine Kantate. Es ist ein Bericht über westdeutsche FDJler, die 1950, vom Deutschlandtreffen aus Berlin kommend, von der bundesrepublikanischen Adenauer-Polizei in Herrnburg an der Grenze verhaftet und verhört wurden. Zu diesem Text hat Dessau die Musik komponiert; überhaupt war es Dessaus Idee. Er wollte etwas für Volksinstrumente schreiben, für Mandoline, Gitarre, Balalaika und Akkordeon. Als er Brecht bat, dafür einen Text zu schreiben, weigerte der sich zunächst. Er warf Dessau Opportunismus vor und mutmaßte, der Komponist wolle sich nach dem Ärger mit der »Lukullus«-Oper nun mit Volkstümlichkeit bei der Partei anbiedern und Freiräume schaffen für die weitere Arbeit an der Oper. Schließlich ließ er sich aber breitschlagen. Aber bei der Vorbereitung der Aufführung gab es Schwierigkeiten. Die verantwortlichen Funktionäre mäkelten am Text herum. Zum Beispiel gibt es darin ein Lied, in dem Westdeutschen das »Angebot« gemacht wird, rüberzukommen in die DDR und sich alles anzusehen. Es kommen die Verse vor: »Und das Ulbrichtstadion/ Und der Erste Mai/ Und wenn Ernst Busch singt – /Wärt ihr nur dabei!« Und wegen dieser einen Zeile weigerte sich die FDJ, den »Herrnburger Bericht« aufzuführen, denn Busch war der Jugendorganisation damals ein Dorn im Auge, ein Anarchist, ein Trotzkist. Busch, persönlich sehr unzugänglich, wurde also von der FDJ abgelehnt, er galt als Vertreter des arg gescholtenen Proletkults. Auf Vorschlag der FDJ hatten die im Rundfunk sogar seine Bänder zerstört. Dabei hatte Busch das erste Aufbaulied der FDJ gesungen und populär gemacht! FDJ-Chef Erich Honecker bestand darauf: Wenn der »Herrnburger Bericht« aufgeführt werden soll, muß die Busch-Zeile raus! Brecht weigerte sich, Dessau aber wollte unbedingt seine volkstümliche Musik veröffentlichen und ging auf den Kompromiß ein. Als Busch von der ganzen Sache hörte, meldete er sich bei Honecker an. Als Honecker versuchte, die Weigerung zu rechtfertigen, soll der Sänger ihm eine geschmiert haben. Im übrigen fand auch Otto Grotewohl den Brecht-Text insgesamt etwas »kathedermäßig«, und auf Grotewohls Urteil legte Brecht viel Wert. Er sagte mal, wenn Grotewohl nicht schon Ministerpräsident gewesen wäre, hätte er ihn als Dramaturg bei sich im Theater eingestellt.

»Grigori« kommt von Kossonossow

Das dritte Gespräch

Eine Frage vor Konzertbeginn

Beruhigung mit Konstantin Wecker

»Buschfunk« und die Verläßlichkeit

Leserbrief und »frühes Bewährungsopfer«

Träume vom Kundschafter

Große Ideale und kleine Solidarität

Briefverkehr mit einem Italiener

Der Wille zur Wiedergutmachung

Che Guevara und Tamara Bunke

Trostpflaster Kuba

Plattenproduktion per Telefon

schluß mit den klagen
aus ist der traum
runter vom wagen
und rauf aufn baum
fernseher aus sternschnuppen an
rein in die frau und raus ausm mann
rein ins vergnügen und raus ausm krieg
zurück in die höhle da hinten ist licht

aber alle oder keiner

GERHARD GUNDERMANN
(aus »alle oder keiner«)

HANS-DIETER SCHÜTT: *Gerhard, 1995 ging durch die Presse in Ost und West: Gundermann war IM! Das überraschende Outing hat doch bestimmt seine Vorgeschichte.*

GERHARD GUNDERMANN: Im Sommer 1993 sprach mich bei einer Veranstaltung in Cottbus ein Liedermacher an: Ob ich der IM Grigori sei, er hätte nämlich meinen Namen in seiner Opferakte gelesen. Zwar hatte ich nie bewußt verdrängt, daß ich mit dem MfS zusammengearbeitet hatte, aber für mich war seit langem klar: The Game is over, und rückblickend hatte ich überhaupt keine Befürchtung, daß diese Täterakte sehr schwerwiegend sein könnte. Ebensowenig schwerwiegend wie meine sogenannte Opferakte. Ich wußte, der betreffende Liedermacher galt als Oppositioneller, und ich sollte mal ein Persönlichkeitsprofil über ihn schreiben. Aber die Leute vom MfS hatten ja nicht gesagt, du, gegen den läuft was, der ist ein Feind oder so, also da war nichts Zielgerichtetes, schon gar kein Straftatbestand. Einmal sollte ich mich in seiner Wohnung nach Schubladentexten umsehen, das lehnte ich ab. Also, ich war mir eigentlich sicher, daß der nicht in meiner Akte auftauchen könnte. Und nun diese Frage von ihm: Bist du Grigori? Da wurde ich stutzig, er wollte mir aber auch nicht sagen, was konkret ich denn nun über ihn geschrieben hätte. Getroffen und bedeppert war ich, und der machte den Kulanten: Er hätte so viele IMs, er könne ein Theater damit füllen, und es gehe ihm nicht darum, mich irgendwie anzumachen. Aber er könne mir durchaus mal zeigen, was er wisse. Er lud mich zu sich in die Wohnung ein, zeigte mir aber kein einziges Blatt Papier. Er saß nur da und genoß die Situation. Er war halt jetzt am Zug. Mein Problem ist nur, daß ich bis heute nicht weiß, ob und was für einen Bericht ich über ihn geschrieben habe. Und was sonst noch alles. Ich beriet mich mit Freunden, und die sagten mir, daß die »Täter« ja nun keinen Einblick in ihre Akten erhalten. Also dachte ich, mußte halt abwarten, bis du abgeschossen wirst. Ein befreundeter Journalist wollte dann ein Buch über mich schreiben und zu diesem Zwecke Einsicht in meine Akten beantragen. Auf diese Weise bekäme ich dann auch Klarheit darüber, ob ich nun Scheiße angezettelt habe oder nicht. In Halle, bei einem Konzert, kam ein Journalist auf mich zu, holte meine Akte raus und sagte, hier, guck mal. Der hatte auf gut Glück bei der Gauck-Behörde etwa fünfzig Namen prominenter Leute eingegeben, und bei dreißig Namen wurden die fündig. So auch bei mir. Das ist ja das Merkwürdige an diesem Unterlagengesetz, daß jeder Reporter und jeder Dahergelaufene an meine Akten kann, nur ich nicht.

HANS-DIETER SCHÜTT: *Du hast die Akte gelesen. Und?*

GERHARD GUNDERMANN: Ich fand Sachen, die ich nicht mehr wußte. Die ich nun wirklich vergessen hatte. Manches war zum Lachen, manches zum Heulen, anderes finde ich auch heute noch gut. Aber zuerst war ich sauer und deprimiert, weil ich die Grenzen des Anstands doch weit überschritten hatte. Ich muß niemanden um Verzeihung bitten, aber mir selber kann ich das nicht verzeihen. Als zumindest die wichtigsten Fakten klar waren, rief ich diesen Journalisten aus Halle und Alexander Osang von der »Berliner Zeitung« an und schlug vor, über die Sache zu reden.

HANS-DIETER SCHÜTT: *Hattest du Angst?*

GERHARD GUNDERMANN: Nein. Es ging mir da auch gar nicht um mich. Ertragen hätte ich nur nicht, wenn etwa meine Kinder angegangen worden wären. Und außerdem arbeitete ich mit Musikern zusammen – die wären womöglich in Mißkredit geraten. Die hatten investiert in eine Zusammenarbeit mit mir, die hatten Vertrauen zu mir und also ein Recht auf Fairneß.

HANS-DIETER SCHÜTT: *Wann hast du's ihnen gesagt?*

GERHARD GUNDERMANN: Vor einem Konzert in Cottbus. Ich dachte, wenn einer mit faulen Eiern schmeißt und statt meiner den Gitarristen trifft, dann soll der wenigstens wissen, warum.

HANS-DIETER SCHÜTT: *Und die Reaktion?*

GERHARD GUNDERMANN: Gefaßt. In der Gruppe ist alles vertreten – von einem, der früher auch mal Kundschafter oder so was werden wollte, bis zum Republikflüchtigen, der deshalb in den Knast gekommen war. Der hat's am ruhigsten aufgenommen.

HANS-DIETER SCHÜTT: *In einer Zeitung stand, aus dem Westen sei jemand gekommen und wollte euch promoten, mit Plattenvertrag und allem Drum und Dran. Als die Sache mit der Stasi öffentlich wurde, machten die den Rückzieher. Hast du denen nicht gesagt, was Sache ist?*

GERHARD GUNDERMANN: Doch, doch. Und zunächst fanden die das nicht von Belang. Sie meinten, sie hätten schließlich sogar Konstantin Wecker durchgebracht, und der war mal Pornodarsteller. Aber als es konkret wurde und in den Zeitungen was über mich stand, meldeten die sich nicht mehr.

HANS-DIETER SCHÜTT: *So seid ihr wieder bei der Plattenfirma »Buschfunk« gelandet.*

GERHARD GUNDERMANN: Darüber bin ich froh.

HANS-DIETER SCHÜTT: *Froh darüber, daß die West-Chance verpatzt war?*

GERHARD GUNDERMANN: Sicher, »Buschfunk« hat ein begrenztes Wirkungsfeld, und man läßt sich schnell und gern verführen von der größeren materiellen und werbemäßigen Potenz, die so eine Westfirma hat. Diese Verführung spürte ich auch, und die lockte. Ich dachte: Mensch, die Leute, für die wir Musik machen, die müssen einfach wissen, daß es uns noch gibt. Das geht bei diesem wahnsinnig vollen Musik-Markt nur über eine einflußreiche Plattenfirma. Auch wegen des möglichen Geldes, das da reinkommen würde. Die Situation ist doch so: Ich kann Musiker nicht ganz fest an mich binden. Weil bei mir weniger verdient wird als bei anderen. Also muß ich ihnen die Chance geben, woanders auch noch Geld zu holen. Wenn die Leute aus der Band aber woanders spielen, hat das zur Folge, daß wir zu wenig miteinander arbeiten. So, deshalb guckte ich schon ziemlich scharf auf einen Plattenvertrag mit Westleuten. Ich hatte gehofft, einen solchen Deal zu bekommen, daß es mir möglich wäre, die Musiker für einen gewissen Zeitraum aus ihren anderweitigen Verpflichtungen herauszukaufen, so daß wir optimal Zeit hätten für unsere Platte. Aber das Ende vom Lied ist wieder mal die einfache Erkenntnis: Ökonomie ist das eine, wichtiger ist Verläßlichkeit, ist die Tatsache, daß jemand zu dir steht. Schon 1991 hatte ich nach einem westlichen, allerdings nur andeutungsweisen Plattenangebot ein Jahr darauf gewartet, daß die Nägel mit Köpfen machen. Ich dachte, solange die sich nicht melden, darf ich mich nicht woanders hinwenden. So blöd war ich. Bis Klaus Koch von »Buschfunk« kam und sagte: Wir machen jetzt deine Platte, Schluß!

HANS-DIETER SCHÜTT: *Gab es nach deinem Stasi-Outing noch andere Reaktionen gegen dich?*

GERHARD GUNDERMANN: Der »Stern« recherchierte, die ARD bat um Rückruf. Plötzlich war ich für bestimmte Leute interessant. Anonyme Leserbriefe gab es an die »Lausitzer Rundschau«. Einer meinte, ich hätte meinen Vater in den Knast gebracht, damit ich später bei der Stasi angenommen würde. Ich hätte in der Kindheit sozusagen ein frühes Bewährungsopfer darbringen müssen.

HANS-DIETER SCHÜTT: *Hast du nie darüber nachgedacht, deine IM-Tätigkeit selber bekanntzugeben? Bevor die Medien kommen und du gegen Vor-Urteile angehen mußt. Du warst eine öffentliche Person.*

GERHARD GUNDERMANN: Na klar überlegte ich. Die Frage war nur, wie. Ich kann mich doch nicht im Konzert zwischen zwei Liedern hinstellen und sagen: Hört mal zu, Kinder, ich war bei der Stasi. Ich dachte immer: Man kann mit dem Thema nur im Raum DDR umgehen. Den Raum DDR gab es nicht mehr, also war die Sache erledigt für mich. Ich wußte ja nicht mal, was OV, also »Operativer Vorgang«, und OPK ist, »Operative Personenkontrolle«. Die haben damals immer nur gesagt: »Schätzen 'Se mal den oder den ein!« Na und? Später wurden einige von denen, die ich einschätzte, IM. Ich habe die empfohlen, und dann hatte ich sie auf dem Hals. So ist das. Und natürlich schob ich das Outing auch vor mir her. Da hatten wir eine Platte gemacht, dann noch eine, und später gab's eine Tournee – was man sich halt immer so einredet, um Zeit zu gewinnen und Aufschub zu begründen. Und ich habe ja bis vor einigen Monaten gar nicht gewußt …

HANS-DIETER SCHÜTT: *Nicht mehr gewußt.*

GERHARD GUNDERMANN: … gut, nicht mehr gewußt! Mir war aus dem Gedächtnis gerutscht, was ich so alles berichtet hatte. Ich dachte, alles sei doch relativ harmlos gewesen. Wenn mich einer fragte, hab' ich freilich gesagt: Ja, ich war dabei. Es ist sogar mal in einem Rundfunk-Interview gelaufen. Aber scheinbar hat da niemand zugehört. Und ich hab's auch allen Leuten gesagt, die mit meinem Schicksal so verbunden waren, daß sie von den Konsequenzen betroffen gewesen wären. Aber immer nach und nach. Ich hab's nicht in die Welt posaunt; ich wußte, es wird ein Schlachten einsetzen, und ich wollte wenigstens mitbestimmen, wer das Messer in die Hand kriegt.

HANS-DIETER SCHÜTT: *Gerhard, IM warst du von 1976 bis 1984. Wie bist du Inoffizieller Mitarbeiter des Ministeriums für Staatssicherheit geworden?*

GERHARD GUNDERMANN: Ich kriegte in Hoyerswerda eine Vorladung ins Büro des ABV ...

HANS-DIETER SCHÜTT: ... *des Abschnittsbevollmächtigten der Deutschen Volkspolizei.*

GERHARD GUNDERMANN: Ja, und es hieß, man müsse eine Sachfrage klären. Dort offenbarten sich mir Mitarbeiter des MfS, sie hätten Interesse an einem Kontakt mit mir. Es gehe um eine Mitarbeit von Bürgern zur Sicherung der Errungenschaften des Sozialismus. Dagegen hatte ich nichts einzuwenden. Erst trafen wir uns weiter beim ABV, dann in einer Wohnung in Hoyerswerda. Die sagten sich bestimmt, der Gundermann mit seiner Klappe ist zwar selber ein Sicherheitsrisiko, aber andererseits ist er ein Motor für den Singeklub. Das MfS wollte halt ran an diejenigen, die ein bißchen für Bewegung sorgten in dieser kleinen DDR. Es gibt ja so ein Gesetz: Bewegungen kontrolliert man am besten, indem man sich an die Spitze stellt. Ich vermute auch, die vom MfS drehten mit dran, daß im Tagebau der erste Versuch, mich aus der Partei auszuschließen, in eine strenge Rüge umgewandelt wurde. Das hatte mich schon etwas gewundert damals.

HANS-DIETER SCHÜTT: *Es heißt in den Akten: »Der Kandidat ist Mitglied des Singeklubs Hoyerswerda und hat in diesem Klub einen großen Einfluß. Aufgrund des NSW-Einsatzes des Klubs wird der Kandidat als IMS aufgeklärt und zur Absicherung derartiger Einsätze angeworben.«*

GERHARD GUNDERMANN: Für mich war ein wesentlicher Aspekt, daß nicht mehr nur die Hälfte des Singeklubs in den Westen durfte, sondern nach und nach alle fahren konnten. Ab 1975 waren wir nämlich »Auslandskader«, aber immer fuhren nur etwa zehn. Auch ich durfte nicht mit. Ich war gerade von der Armee gekommen, da galt für mich ein Verbot wegen des Geheimnisschutzes. Man durfte nicht raus, damit man ja nicht den Speiseplan in der Offiziersmesse verrät. Wenn für den Singeklub eine Westreise anstand, hieß es nun nicht etwa, du und du darfst nicht – nein, der Typ von der FDJ-Kreisleitung sagte, es führe ja nicht der Singeklub an sich, sondern diese zehn Mann führen, und zufällig seien die eben im Singeklub, und es wäre ganz gut, wenn der eine oder andere vorsichtshalber eine Gitarre mitnähme. Da offiziell nicht der Singeklub reiste, war uns anderen das Argument genommen, die Mitreise zu beanspruchen. Das waren übrigens Situationen, in denen ich zunächst dachte, die zur Westreise bestimmten Freunde würden Solidarität zeigen und sagen: Entweder alle oder keiner! Aber das trat nicht ein. Später meinte mal einer vom »Oktoberklub« zu mir: Wir haben Tag und Nacht von weltweiter Solidarität gesungen, aber in unserer eigenen kleinen Welt funktionierten nicht die Ideale, sondern das uralte »Teile und herrsche!« Am Ende jedenfalls sind von unserem Singeklub alle gefahren, und das rechnete ich durchaus meiner Mitarbeit beim MfS an. Ich sollte ja vor allem im Ausland Berichte schreiben und die Augen offenhalten. Fürs Verhalten im Ausland gab es Grundprinzipien: erstens alle dortigen Kontakte auf Verwendbarkeit für uns überprüfen, und zweitens aufpassen, hinter welchen Ecken die CIA steht. Nun muß man freilich sagen, es war ja nun tatsächlich nicht die Zeit der reinen Unschuld. Immer wieder gab es Anzeichen, die unsereinem recht gaben im politischen Auftrag. Auch Conny haben sie drüben abzuwerben versucht; also die anderen waren auch nicht ohne.

HANS-DIETER SCHÜTT: *Dein Deckname war Grigori.*

GERHARD GUNDERMANN: Grigori, ja.

HANS-DIETER SCHÜTT: *Hat man dir den vorgeschlagen?*

GERHARD GUNDERMANN: Den suchte ich mir selber aus. Man sollte einen Namen benutzen, zu dem man eine Beziehung hat, einen Namen, bei dem Bekannte, fällt er zum Beispiel mal am Telefon, nicht gleich mißtrauisch werden. Dieser Grigori, das ist Grigori Kossonossow, Wächter der Fliegerschule, von der berühmten DDR-Schallplatte mit Manfred Krug: »Jazz, Lyrik, Prosa«. Dieser Kossonossow war mir nahe, weil mein Agitieren oft die gleichen finsteren Folgen hatte wie die Versuche dieses unglücklichen Eiferers, Bauern eines russischen Dorfes zum Kauf eines Flugzeuges zu überreden.

HANS-DIETER SCHÜTT: *Reporter Alexander Osang schrieb im April 1995 in der »Berliner Zeitung« über dich: »Womöglich hatte er ehrenrührige Motive und Visionen, aus den Akten aber wächst ein verbissener, kleinkarierter Wichtigtuer, der darüber Auskunft gibt, daß Mitglieder seines Singeklubs beim Einkaufsbummel in Italien ›provinzlerisches Verhalten‹ zeigten. Detailliert berichtet er, daß und mit wem eine Bekannte ihren Mann betrog, als der bei der Armee war.«*

GERHARD GUNDERMANN: Kenn ich, ja. Ich habe geglaubt, auch als IM anständig geblieben zu sein. Aber wenn ich das jetzt alles so lese ... Osang hat recht. Diese Petzberichte! Ich weiß heute nicht mehr, warum ich solche Scheiße geschrieben habe, die in die Privatsphäre von Leuten geht. Vielleicht lag es daran, daß ich anderen keine Privatsphäre zubilligte – weil ich selbst keine beanspruchte und so was kleinbürgerlich fand. Was mir kleinbürgerlich vorkam, betrachtete ich als etwas Feindliches.

HANS-DIETER SCHÜTT: *Würdest du sagen, du hast Menschen geschadet?*

GERHARD GUNDERMANN: Weiß ich nicht. Ich kann nur sagen: Angst vor dem Konflikt, vor der Auseinandersetzung um diesen Abschnitt in meinem Leben habe ich nicht – die Furcht vor Schuld freilich, was man möglicherweise im Leben anderer angerichtet hat, diese Schuld drückt. Was so ein Schaden ist, muß man von dem beurteilen lassen, der Opfer von Observation war. Ich sag mal so: Ich habe mich schuldig gemacht vor mir selber, vor der Idee des Sozialismus. Aber ich kann mit dem Rest leben; ich muß mich nicht aufhängen. Zumindest geschah manches in meinem Verständnis damals, um Schaden abzuwenden. Zum Beispiel: Ein Bekannter verfügte gleichsam über eine hohe kreative Energie, die allerdings vor keinem Bastel-Laden haltmachte. Nach einem Auftritt in Italien brachte er ein Sprechfunkgerät mit. Das wollte er für uns in ein Saaltelefon umbauen. Praktisch, dachte ich mir, so was hatten wir uns immer gewünscht, das erleichterte die Arbeit, wenn man eine Bühne einrichtete. Aber dieser Bursche rannte mit dem Gerät nur in der Stadt rum und rief seine Frau an, sie solle noch Butter einkaufen. Solche Dinger also. Nun unterlag der Funkverkehr in der DDR strengster Meldepflicht, und ich dachte, wenn die den Kumpel hochziehen, fehlt der uns bei der nächsten Fahrt in den Westen. Um größeren Ärger zu vermeiden, meldete ich ihn, mit der Verabredung, daß ihm nichts passiert. Die nahmen ihm das Sprechfunkgerät ab, aber er kriegte kein Reiseverbot. Ich hatte das Gefühl, etwas Gutes getan zu haben. Ich dachte damals, in dem Moment, wo die mir vertrauen, daß ich alles weiß, trauen sie mir auch zu, daß ich alles im Griff habe. Daß die also nicht eingreifen. Mir war die Gruppe wichtig.

HANS-DIETER SCHÜTT: *»Überheblich durch Wissensvorsprung, faul, nervös, er hat starke Schwierigkeiten mit politischen Schulweisheiten der Armeepraxis.« So war über dich in einer internen Abschlußbeurteilung der Offiziersschule Löbau zu lesen.*

GERHARD GUNDERMANN: Stimmt sicher. Bis auf faul. Zugegeben, begeistert vom Stiefelputzen oder Waffenreinigen war ich nicht. Ich ging ja auch nicht zur Armee, um im nächsten Krieg Essen zu kochen, sondern weil ich mit ein paar außergewöhnlichen militärischen Aktionen den Weltfrieden herstellen wollte.

HANS-DIETER SCHÜTT: *Ziemlich naiv.*

GERHARD GUNDERMANN: Ich war naiv, und ich fand das okay. Solche Dinge passieren einem Menschen, der ziemlich glücklich ist mit dem Land, in dem er lebt. Plötzlich wirst du zum ABV geladen und denkst, du bist ein Typ wie Tamara Bunke. Che Guevara war weit weg, aber Tamara Bunke eben, seine Kampfgefährtin, die kam immerhin aus Eisenhüttenstadt. Es schien mir viel möglich in dieser Welt.

HANS-DIETER SCHÜTT: *Du bist anfällig für Romantik?*

GERHARD GUNDERMANN: Romantik mag ich, ja. Aber die Wahrheit ist freilich: Erich Mielke war nicht Che Guevara. Ich habe es ja schon gesagt: Ich wollte mich immer in den Dienst einer kollektiven Kraft stellen, in den Dienst eines Wissens, das außerhalb meines Bewußtseins und meiner Kompetenz lag. Ich glaubte an Klugheit und Weisheit, die an höhere Instanzen gebunden sind. Den DDR-berühmten Satz »Die Genossen werden sich schon was dabei denken ...« – den hatte ich verinnerlicht. Das hängt damit zusammen, daß ich mich noch nie als ein Mensch des großen Überblicks verstand. Für das, was ich selbst überblickte, trug ich gern eigene Verantwortung; aber ich meinte, es gäbe ein Ebene, auf der mir nur das Dienen zustünde. Einsicht in Notwendigkeiten ist etwas Großes, aber auch Gefährliches. Das ist wie mit dem Vertrauen. Vertrauen verführt auch zur Verantwortung. Ich danke meinem Schicksal, daß ich nie als Soldat an der Grenze stand. Vaterlandsliebe und Angst, etwa nachts auf Streifengang, können ja ein verhängnisvolles Gemisch bilden.

HANS-DIETER SCHÜTT: *1977 hat dich das MfS nach Budapest geschickt.*

GERHARD GUNDERMANN: Ja. Ich wurde für die Aufklärung ausgeborgt. Auf dem Flugplatz in Budapest wurde ich von den dortigen Verbindungsleuten angesprochen, und zwar mit der Frage: »Sind Sie nicht der Komponist des Morgenliedes?« Ich hatte zu antworten: »Nein, ich habe nur den Text geschrieben, die Musik ist von jemand anderem.« Ich sollte Kontakt aufnehmen zu zwei »Menschenhändlern«, jetzt heißt das wohl Fluchthelfer, und sollte sie dazu überreden, mich in der DDR zu besuchen. Während ihres Aufenthaltes hier sollten sie dann »umgedreht« werden. Ich weiß nicht, ob das stimmte, möglicherweise wollte man die auch nur kriegen, um sie einzuknasten. Damals habe ich darüber nicht nachgedacht.

HANS-DIETER SCHÜTT: *Als du reisen durftest – welches war das fernste Ziel?*

GERHARD GUNDERMANN: Zu DDR-Zeiten war Kuba das fernste Land, in das ich kam. Oder Nowosibirsk? Ich weiß jetzt gar nicht, was weiter weg ist. Jedenfalls ärgerte ich mich, daß ich nie nach Nikaragua kam. Alle möglichen Leute fuhren dahin, um der Revolution zu helfen, jeder junge Poet war da und fuhr ein halbes Jahr lang Lastwagen. In meiner Vorstellung fand dort so was statt wie die Internationalen Brigaden in Spanien 1936. Und ich hockte zu Hause rum und wurde alle Jahre zu 'ner Reserveübung eingezogen. Hier in der DDR machten wir Kasperletheater, und auf der anderen Seite des Globus war der blutige Ernst.

HANS-DIETER SCHÜTT: *Woran erinnerst du dich bei Kuba?*

GERHARD GUNDERMANN: Ich schämte mich, daß wir ziemlich luxuriös wohnten. Es war ein gewisses Wessi-Gefühl. Andererseits dachte ich, vielleicht wäre Kuba wirtschaftlich weiter, wenn sich mal einer fände, der früh um sechs zu arbeiten anfängt. Ein deutsches Mädchen dort erzählte, ihr Vater sei Entwicklungshelfer und als Faschist bezeichnet worden, weil er durchsetzen wollte, daß alle pünktlich früh zur Schicht kommen. Mit uns reiste auch eine Rockgruppe, und eine der Bräute von den Jungs regte sich auf, daß die Kinder in der Schule Uniform trugen. Mir war das klar, daß die sich aufregte, aber ich fand das gut so: Diese Form der Gleichmacherei verhinderte immerhin, daß das Kind eines Mannes, der vielleicht etwas weniger verdient, sich mit seinen Klamotten schämen muß – gegenüber einem Kind aus wohlhabenderem Haus. Wenn Gleichmacherei dem hilft, der schwächer ist, finde ich das in Ordnung. Bei uns im Elternaktiv in Hoyerswerda wollte ich auch immer, daß der Maximalbetrag fürs Taschengeld auf Wanderfahrten etwa dem entspricht, was der Ärmste in der Klasse kriegen kann.

HANS-DIETER SCHÜTT: *Du bist auch belohnt worden für die IM-Arbeit.*

GERHARD GUNDERMANN: Ach, was hab ich denn gekriegt ... Kaffee und Kuchen. Kleine Geburtstagsgeschenke, dann mal um die 160 Mark für einen Fotoapparat. Den haben die mir gekauft, damit ich im Westen fotografieren kann fürs MfS. Beim ersten Treffen hat mir der verantwortliche Leutnant 50 Mark gegeben. Das sei so üblich, sagte er. Aber beim nächsten Mal habe ich ihm klargemacht, daß ich kein Geld will.

HANS-DIETER SCHÜTT: *Du hast trotzdem Geld genommen?*

GERHARD GUNDERMANN: Irgendwann bekam ich eine Auszeichnung, die Arthur-Becker-Medaille. Da hingen 250 Mark dran. Die Medaille haben sie aus Gründen der Konspiration wieder mitgenommen, das Geld hab ich behalten.

HANS-DIETER SCHÜTT: *Hast du eigentlich die Treffs getarnt?*

GERHARD GUNDERMANN: Getarnt? Nein, warum. Es wußte doch keiner, wo ich hingehe. Ich war doch allein.

HANS-DIETER SCHÜTT: *Wie war denn dein Verhältnis zum Führungsoffizier?*

GERHARD GUNDERMANN: Auch so ein Ding! Ich dachte ja nun, ich sei bei den ganz Pfiffigen gelandet, James Bond würde sich eine Pfeife anstecken können. Und wenn ich bei den Guten bin, so die Logik, sind alle Sachen, die wir machen, okay. Mein eigener Maßstab hat sich erst später wieder eingeschaltet. Ich habe mir diesen Verein kluggeredet. Mehr und mehr merkte ich, daß die regelrecht unglücklich wurden – die verstanden einfach nicht, was ich ihnen zu erklären versuchte, etwa wenn es um Betriebsprobleme ging.

HANS-DIETER SCHÜTT: *Warst du gut, als Spion zum Beispiel in Ungarn?*

GERHARD GUNDERMANN: Ach, absoluter Versager! Die haben mich zwar in ihren Akten, wie ich nun weiß, als ergiebig und gut eingeschätzt, aber das war doch bloß, damit sie nach oben gut aussehen. Nach dieser Ungarn-Geschichte schämte ich mich, mir gelang es natürlich nicht, die betreffenden Leute in die DDR zu locken. Ich dachte nur, Mensch, Gundermann, du bist eine unsägliche Larve. Aber ich kriegte eine Obstschale.

HANS-DIETER SCHÜTT: *Die du weggeschmissen hast.*

GERHARD GUNDERMANN: Ja, weil ich dachte, das sei der Trostpreis. Stimmte aber nicht, die fanden mich wirklich Klasse. Obstschale war der höchste Ausdruck der Anerkennungskultur.

HANS-DIETER SCHÜTT: *Du hast die Staatssicherheit der DDR von beiden Seiten erlebt, warst Objekt der Observierung, aber ebenso Observierender. Doch auch in deiner IM-Angelegenheit bist du insofern Opfer geworden, als deine IM-Tätigkeit, immer unzuverlässiger werdend, nahtlos in eine Beobachtungsakte gegen dich überging. Jener Liedermacher, über den du berichtest hast, der machte eine Schweiz-Tournee – du durftest nicht mal mehr in die Sowjetunion. Mit »Silly« hast du in DDR-Endzeiten die Platte »Februar« gemacht, hattest die meisten Texte der LP geschrieben, bei der Produktion in Westberlin saßt du zu Hause am Telefon, um Änderungen zu besprechen.*

GERHARD GUNDERMANN: Ich sehe mich nicht einseitig als Opfer. Und auch nicht einseitig als Täter. Ich habe mich mit der DDR eingelassen (mit wem auch sonst), ich habe ausgeteilt und eingesteckt. Ich habe gelernt. Deswegen bin ich ja auf der Welt. Und ebensowenig, wie ich öffentlich über meine inoffizielle Mitarbeit referiert habe, habe ich breitgetreten, wie ich etwa »gelitten habe«. Und auch in diesem Buch reden wir nur über meine Schuld. Und nicht darüber, was andere mir schuldig sind. Allerdings hätte ich natürlich gerne mal meine anderen Akten eingesehen, also die »guten«. Nicht, um was öffentlich zu machen. Aber um selber Klarheit zu bekommen. Doch die Gauck-Behörde ist ja nicht dazu da, sich an der Wahrheitsfindung zu beteiligen. Sie ist dazu da, den Siegern die Munition für die Gnadenschüsse zu liefern. Das merkte ich, als ich einen Eilantrag zur Akteneinsicht stellte. Ich bekam die Nachricht, daß ich auf der Warteliste stünde und mich gedulden müsse. Das war vor fast einem Jahr. Seitdem nichts. Im Gegenteil, als ich mich in Interviews über diesen Tatbestand aufregte, ließen die von der Behörde in Zeitungen verbreiten, ich hätte noch gar keinen Antrag gestellt. Also entweder sehen die nicht durch in ihrem eigenen Laden, oder es ist Absicht. Wenn zwanzig Journalisten mit allen Dokumenten zu meiner Person ausgestattet werden, und ich als Betroffener habe abzuwarten, bis die mit mir fertig sind, liegt es doch nahe, daß da kein Zufall vorliegt. Ich hab schon überlegt, ob ich prozessiere. Es ist ja immerhin Verleumdung durch eine Behörde. Aber mir fehlt die Zeit für so was. Ist auch Quatsch, wozu soll ich einen Krieg vom Zaun brechen. Es wird so sein wie immer: Ich würde gegen solche Leute verlieren. Aber ich werde sie überleben. Also verzichte ich auf den Krieg.

HANS-DIETER SCHÜTT: *Apropos »Silly«. Im »Stern«, in Heft 17/89, schreibt Freya Klier über »Silly« folgendes: »Schon vor meinem Rausschmiß aus der DDR äußerte ich Zorn über den Opportunismus vieler DDR-Künstler. Nun benutzt DDR-Rocksängerin Tamara Danz diese Kritik als Matte, auf der sich ein Lieblingskind von FDJ und SED-Führung vom Karrierismus zum Revoluzzertum hinüberzurekeln sucht. Frau Danz, dem DDR-Bürger über Jahre blaubehemdet oder ledern aus FDJ-Zeitungen zulächelnd, welche die honorigsten Staatsgagen und ein Dauervisum ihr eigen nennt, scheint Langeweile zu bekommen (freilich nur so viel, daß keins der Privilegien gefährdet wäre). Vergessen die jahrelange Anbiederei, das Schweigen zur rechten Zeit, die fleißigen und wohldotierten Auftritte bei FDJ und Staatsführung? O doch, es gibt durchaus noch kritische, unbequeme Künstler in der DDR. Nur winkt ihnen weder eine Staatskarriere noch eins der anderen Privilegien.«*

GERHARD GUNDERMANN: Also, wenn du in einem Bus sitzt, und dir gefällt die Gegend nicht, wo der langfährt, dann hast du drei Möglichkeiten. Erstens, du machst die Augen zu oder besäufst dich, bis sie dir zufallen. Zweitens, du steigst aus. Drittens, du schlägst dich zum Fahrer durch und versuchst, ihm ins Lenkrad zu fassen. Auf dem Weg dorthin mußte natürlich die Fahrerlaubnis machen. Ich denke, das wollte Tamara. Mitmischen. Nun hat der Zeitgeist, wie es scheint, den Aussteigern und Verweigerern recht gegeben. Aber frag die Leute nach Freya Klier. Sie werden die Schultern zucken. Frag die Leute nach Silly. Sie werden in ihren Herzen nicht lange kramen müssen, bis ihnen »Bataillon -d'amour«, »So 'ne kleine Frau« oder »Mont Klamott« einfällt.

HANS-DIETER SCHÜTT: *Wie war das überhaupt mit »Silly« – eine neue Erfahrung für dich? Du kamst gleichsam aus einer anderen musikalischen Gegend.*

GERHARD GUNDERMANN: Klar. Vor allem baute ich Vorurteile gegenüber bestimmten Leuten auf der Bühne ab. Zudem hatte ich vorher nie begriffen, wie zwei Namen hinter einem Song stehen können – und nun entstanden Texte als kollektives Produkt. Das dritte ist für mich ein wesentliches Erlebnis: Wir traten zusammen auf, und endlich sah ich eine Band, die man nicht ziehen mußte. Da kommt von hinten solch ein Druck, daß man förmlich gegen die Leute im Saal geschmissen wird. Der Rest war eine vorsichtige Freundschaft. Das ist nicht wenig.

HANS-DIETER SCHÜTT: *Aber wir waren noch beim MfS. Aus deinen Akten ist ersichtlich, du hast denen auch über Mißstände im Tagebau berichtet.*

GERHARD GUNDERMANN: Ich merkte aber, die interessierte das nicht sehr. Es stellte sich sozusagen kein feedback her. Die hatten nur das Ihre im Blick, die immer enger werdende Überwachung. Als demokratische Möglichkeit, um Veränderungen durchzusetzen, kamen die für mich nicht mehr in Frage. Ich wurde fauler, die Berichte wurden kürzer, die Kontakte schliefen ein. Die Kontaktpersonen wechselten, das wird in den Akten auch mit als Grund dafür angegeben, daß die Zusammenarbeit mehr und mehr litt. In den Akten war ich bis 1984 drin. Aber schon ab 1982 ging ich zu keinem Treff mehr, ich diskutierte am Schluß nur noch ideologisch mit denen, zitierte die Klassiker gegen das Politbüro, und schließlich eröffnete das MfS diese Personenkontrolle gegen mich. Werner Walde, der SED-Chef vom Bezirk Cottbus, der initiierte mal, daß Kurt Hager von Erich Honecker einen Anpfiff bekam, weil der Hager sich mit mir auf dem letzten Kongreß der Unterhaltungskünstler 1989 fotografieren ließ und mit mir sprach. Das war so ein Punkt, wo ich über die Dimension der Probleme erschrak, mit denen sich eine Landesführung beschäftigte. Auch aufgrund solcher peinlicher Kleinlichkeit fühlte ich mich in der DDR in Sachen Subversivität immer zu hoch gehandelt. Was die Stasi angeht: Ich war wirklich sauer geworden. Ein riesengroßer Apparat war damit beschäftigt, Kinderkacke zu produzieren. Diese blöde Sicherheitsdoktrin: Wenn ein Mensch ein Problem hat, schafft man nicht das Problem ab, sondern den Menschen. Das fiel mir auf mit der Zeit. Obwohl ich ja ein sehr langsamer Denker bin. Das ganze Land kochte mehr und mehr, das fing ja nicht erst im Sommer 1989 an, und die hatten nur Scheiße im Kopf. Zum Schluß bin ich nur noch hingegangen, um denen das begreiflich zu machen, aber die wollten das nicht hören. Die hatten nichts auf der Lampe.

HANS-DIETER SCHÜTT: *Nachdem so vieles offenbar wurde, was die Idee des Sozialismus in der DDR verdarb – spürst du Haß auf irgend jemanden?*

GERHARD GUNDERMANN: Haß? Nein. Man darf das eigene Versagen nicht aufzuwiegen versuchen mit dem, was andere falsch machten. Natürlich veränderte sich zum Beispiel meine Haltung zur Staatssicherheit. Die ganzen Dinge mit Plan-Schwindel aufdecken, melden, wenn die Chefs im Betrieb klauen, die Forderungen nach mehr Geld für die Basiskultur in Hoywoy – alles in Ordnung. Wo ich für die »Brigade Feuerstein« gegensteuern wollte, wo was über FDJ und SED schieflief, das war zumindest gutgemeint. Aber diese persönlichen Berichte, das sind Scheiß-Arien. Nicht klar komme ich damit, daß ich mich in die Gesellschaft von Leuten begab, die vorsätzlich Straftäter produzierten. Ich war in eine operative Personenkontrolle und zwei operative Vorgänge verwickelt. Freilich wußte ich damals nicht, was das war. Inzwischen weiß ich: Da wurde ein sogenanntes Finalziel ausgegeben, also Haft oder Ausweisung, und dann wurde präzise und sehr umfassend und mit verschiedenen Mitteln auf dieses Ziel hingearbeitet. Die Betreffenden wurden gezielt kriminalisiert. Das war eine Sauerei. Wenn ich das gewußt hätte, wäre ich ausgestiegen, garantiert. Aber ich empfinde keinen Haß, ich hab' doch höchstens die Pflicht, von mir selber enttäuscht zu sein.

HANS-DIETER SCHÜTT: *Dein sozialistischer Fanatismus, das hat jetzt nichts mit Stasi zu tun, der hatte auch komische Seiten.*

GERHARD GUNDERMANN: Als die FDJ des Tagebaus den Schrottplan nicht erfüllte, charterte ich kurzerhand einen Traktor und sammelte alles auf, was ich rund um die Bagger fand. Was ich noch nicht wußte: An jedem Bagger werden Ballastteile gebraucht, und außerdem war jeder Arbeiter froh, wenn er für mögliche Reparaturen ein paar Schrauben hatte. Ich aber sah nur, die Dinger sind rostig, weg damit. Den gesamten Reserveeimer eines Baggerfahrers schleppte ich weg und wäre fast verprügelt worden. Woraus ersichtlich ist: In Fettnäpfchen trat ich nicht aus Opposition, sondern aus dem Willen, besonders konstruktiv zu sein. Als Kind brachte ich mal ein Märchenbuch für 12 Mark achtzig heim, ich hatte einen ersten Preis im Altstoffsammeln gewonnen. Ich hatte nämlich alle Einweckgläser von zu Hause weggeschleppt, nur die Einweckgummis lagen noch im Keller rum …

HANS-DIETER SCHÜTT: *Hast du die Stasi-Geschichte eigentlich musikalisch verarbeitet?*

GERHARD GUNDERMANN: Nein. Höchstens »Sieglinde« – das ist der kleine Versuch einer Entheroisierung.

HANS-DIETER SCHÜTT: *Wußte deine Frau von deinen MfS-Kontakten?*

GERHARD GUNDERMANN: Conny wußte es, seit die Sache Anfang der achtziger Jahre zu Ende ging.

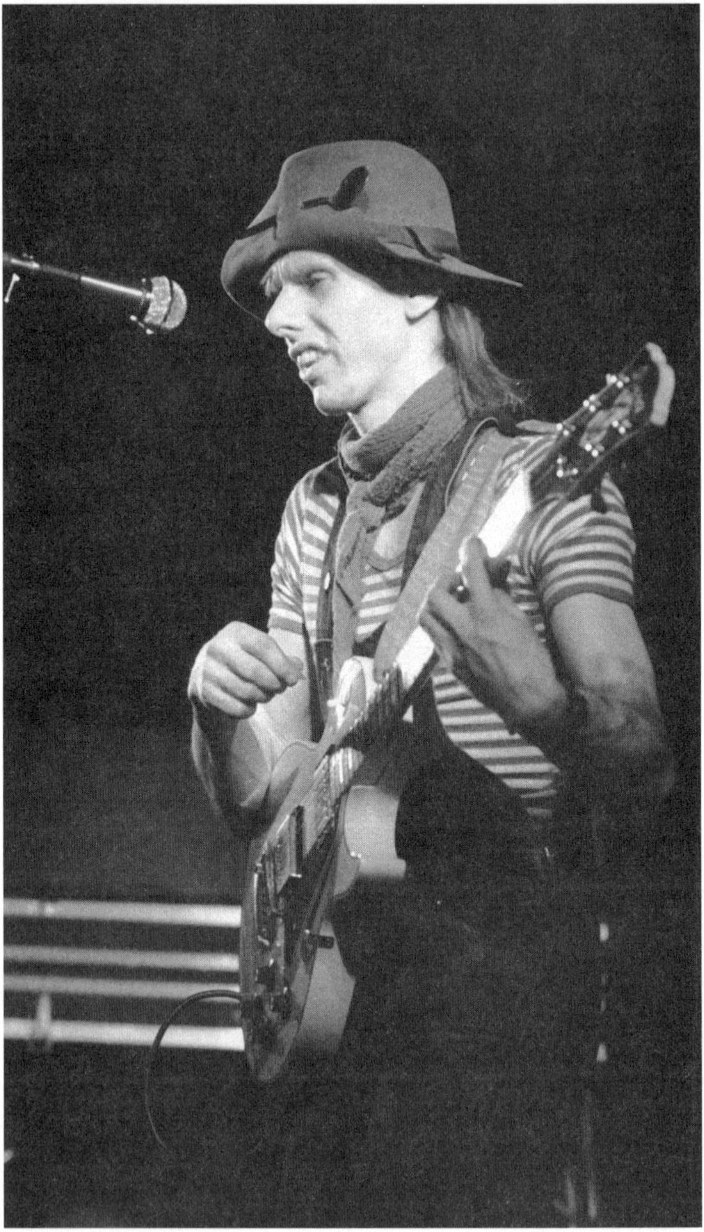

Jedes Paradies ist Ignoranz

Das vierte Gespräch

Johannisbeeren statt Bananen

Das »rote Tuch« Stephan Krawczyk

Die Intelligenz der Lisa von Lügenstein

Trauer bei der Sommersonnenwende

Die Kippe zwischen Wassermann und Fisch

Ent-Täuschung als große Chance

Spaten im Kofferraum

Nischen mit Badeofen

Lancelot, verscheißert und erniedrigt

es ist als hätten wirn krieg verlorn
kapituliert und abgeschworn
ringsherum qualmen scheiterhaufen
wer nicht verbrannt wird muß sich verkaufen

GERHARD GUNDERMANN
(aus »ossi reservation II«)

HANS-DIETER SCHÜTT: *Gerhard, auf die Frage, inwieweit du dich heute anders durchs Leben bewegst als früher, hast du gesagt: »Ich tauche lieber ab.« Das ist ja weit mehr als der Wunsch, dich aus der Öffentlichkeit, außer wenn du Lieder singst, radikal zurückzunehmen. Ich vermute, du denkst da an eine philosophische Dimension.*

GERHARD GUNDERMANN: Ich weiß nicht, ob das 'ne philosophische Dimension ist. Aber ein fliegender Fisch muß ja erst mal im Wasser Anlauf nehmen, ehe er sich nach oben herausfedert. Natürlich bewege ich mich jetzt anders durchs Leben als früher. Ich will nicht mehr kämpfen, ich will lernen. Dazu muß ich erst mal alles, was auf mich zukommt, annehmen. Ich bilde mir kein Ziel mehr ein, das ich erreichen will. Ich bin neugierig, wohin das Schicksal mich bringt.

HANS-DIETER SCHÜTT: *Das ist Fatalismus?*

GERHARD GUNDERMANN: Nein. Das ist Bescheidenheit. Wenn ich richtig in der Scheiße stecke, leiere ich mich hoch und sehe, aha, es ist nur ein Meter bis zum Rand. Über viele Dinge, die uns jetzt wichtig erscheinen oder die wir benutzen, um uns wichtig zu nehmen – über die werden wir in spätestens fünf Jahren lachen. Das mitzudenken, ist mir wesentliches Verhalten geworden.

HANS-DIETER SCHÜTT: *Du erklärst also einfach den Punkt, an dem du dich befindest, zum gefundenen Ziel. Stillstand also.*

GERHARD GUNDERMANN: Was heißt Stillstand. Schon mal was von der Relativitätstheorie gehört? Ja, ich könnte mich in ein Auto setzen und mit Höchstgeschwindigkeit von a nach b fahren und unterwegs die Steine und die Kilometer zählen. Aber ich kann mich auch daran erinnern, daß ich auf einem Planeten sitze, der mit unvorstellbarer Geschwindigkeit durch den Raum rast. Ich kann die Augen heben und die Sterne besehen, an denen wir vorbeikommen. Was denkst du, wo finde ich das Glück? Ich will den Dingen nichts mehr entreißen. Ich will sie geschenkt bekommen. Viele Menschen haben doch inzwischen ein Werteverständnis, das an Preise gebunden ist. Alles wurde käuflich. Wenn man sich's leisten kann, ist das Teuerste immer das Beste. Der Preis treibt jeden Wert hoch, er entscheidet überhaupt erst, was ein Wert ist. Das halte ich für gefährlich und ist mein Ding nun ganz und gar nicht. Meine Frau traute sich nicht mit Bananen nach Hause, solange im Garten Johannisbeeren und Äpfel im Überfluß gratis wachsen. Der Baum in meinem Garten trägt kleine Pfirsiche, die schmecken würzig, wenn auch etwas bitter. Ich habe den Baum gegossen, er gibt nun Früchte. Geben und Nehmen. Ein vernünftiger Kreislauf. Mein Maschinist auf Arbeit guckte sich die Dinger immer an und meinte, Mensch, so was kannste doch jetzt überall koofen, und die schmecken viel besser, sind rot und süß und saftig. Er hat mich nicht verstanden. Muß ja auch nicht sein.

HANS-DIETER SCHÜTT: *Bist du wegen solcher Sachen in ein Haus gezogen, das dicht am Wald liegt, mitten im Industriegebiet, aber trotzdem auch mitten in der Natur?*

GERHARD GUNDERMANN: Als ich noch allein lebte, hatte ich eine Einraumbude, später wohnten wir zu viert in einer Zweieinhalbzimmer-Wohnung. Unseren ersten Familienurlaub verbrachten wir im Hexenhäuschen, das ist die kleine Datsche der Familie Engel. Die Kinder spielten Federball. Der Ball fiel in einen Busch, und was machten die Kinder? Die kloppten mit den Schlägern den Busch kaputt, bis der Ball freilag. Sie hatten Angst vor irgendwelchen Spinnen da drin, trauten sich nicht, in die

Äste reinzufassen. Das war für Conny und mich so ein Signal dafür, aus der Stadt und dem Plattenbau rauszuziehen, damit die Kinder mit Natur aufwachsen. So eine Lage hilft, sich ehrfürchtig gegenüber allem zu verhalten, was uns umgibt.

HANS-DIETER SCHÜTT: *Diese Ehrfurcht sinkt allenthalben. Der »Schöpfer« hat einmal etwas in Gang gesetzt und ging dann leider weg, ließ uns unkontrolliert. Sagt Janosch, der Dichter und Maler, den man auch einen Spinner nennt und der abends seinem Hund Loriot vorliest.*

GERHARD GUNDERMANN: Meine Ehrfurcht steigt. Und meine Dankbarkeit. In einem Gedicht von Eva Strittmatter heißt es sinngemäß: Man sagt, das Leben wird teurer, aber das stimmt nicht – das, was das Leben ausmacht, ist umsonst, das Licht, das Wasser, die Luft und die Liebe.

HANS-DIETER SCHÜTT: *Dir ist die Tatsache wichtig, daß die Welt ein Rätsel ist?*

GERHARD GUNDERMANN: Merkwürdige Frage. Ein Hologramm ist die Methode, ein Bild über seine Interferenz-Muster zu speichern. Sagen wir: ein Wäldchen. Links Kiefern, rechts Birken, unten Moos und oben die Wipfel und der Himmel. Zerbrichst du die Speicherplatte und aktivierst die getrennten Teile, dann hast du nicht auf dem einen Stück die Kiefern, auf dem anderen Stück die Birken, und auch Himmel und Moos getrennt. Sondern: Du hast auf jedem Stück das komplette Wäldchen, kleiner zwar und unschärfer, aber alles da. So ist es auch mit uns Menschen. Da wir Bruchteile der Welt sind, tragen wir auch ein komplettes Bild der Welt mit uns rum. Das ist am schärfsten, wenn wir noch nicht geboren sind. Und alles, was wir dann »lernen«, dient ja nur dazu, dieses Weltbild zuzuschütten. Ich kann die Welt nicht erkennen, wenn ich auf ihr herumlatsche, da zertrample ich höchstens das, was ich finden will. Ich kann »in mich gehen«, am Schärferegler drehen, kann versuchen rauszukriegen, was ich weiß. Denn ich weiß alles. Das muß man nur wissen.

HANS-DIETER SCHÜTT: *Ansichten sind eine Ware. Man kann das ja sogar so weit treiben, daß die Welt hinter dem Bild, das von ihr entworfen wird, verschwindet.*

GERHARD GUNDERMANN: Sag ich doch. Also muß man eine Art Filter aufbauen, der die Informationen durchläßt und die Ansichten abwehrt. Das dauert. Ich bin auch noch nicht fertig damit. Folgende Geschichte: Mit dem Sänger Stefan Krawzcyk hatte ich wenig am Hut. Ständig hörte ich zu DDR-Zeiten, ich wolle wohl ein kleiner Krawczyk werden. Das nervte mich. Da bist du auf dem Weg zu dir selber und hörst bei jedem Schritt, aha, der will ein kleiner Krawczyk werden. Dann hörte ich auch noch, wie der von Kanada oder Portugal kommend über Berlin und die Mauer flog und Heimweh hatte nach dem Haus in Prenzlauer Berg, wohin er nun nach seinem Gang in den Westen nicht mehr hindurfte, und er war sehr traurig darüber. Da wurde ich noch wütender, weil wir ja nun in alle Häuser in Prenzlauer Berg konnten, nur eben nicht nach Kanada oder Portugal. Also Krawczyk: Rotes Tuch! Vor kurzem sah ich ihn in einer Talk-Show, und er war der einzige Irritierte, der einzige, der nicht satt war, der einzige, der nicht klarkam und genau jene Fragen und Zweifel hatte, die ich sehr gut kenne. Das nur als Beispiel: Ich habe Sätze, die Krawczyk sagte, Sätze, die von Medien ausgewählt wurden für einen bestimmten Zweck, für die ganze Person genommen. Da hat mein Filter versagt.

HANS-DIETER SCHÜTT: *Du suchst also nach dem höchsten Genuß, der im geringsten Schaden für dich selbst und andere liegt.*

GERHARD GUNDERMANN: Wir siegen, indem wir den anderen schlagen. Das ist eine der möglichen Existenzformen. So habe ich lange gedacht und gehandelt. Die letzte, höhere Möglichkeit könnte aber sein: Siegen, indem wir die Schläge hinnehmen.

HANS-DIETER SCHÜTT: *Das kann doch aber in absoluter Teilnahmslosigkeit enden. Am Ende bist du eine Masse, die in jede Form fließt.*

GERHARD GUNDERMANN: Wieso teilnahmslos. Wenn ich etwas ertrage, heißt das doch nicht, ich merke nichts mehr. Es heißt: Ich nehme meinen Teil. Und was ist schlecht an der Masse, die in jede Form fließt? Seit wann entscheidet die Konsistenz einer Masse über ihre Qualität? Es ist doch egal, ob ein guter Wein in einer runden oder dreieckigen Flasche aufbewahrt wird.

HANS-DIETER SCHÜTT: *Ich les' dir wieder mal was vor, aus deiner Sturm-und-Drang-Zeit: »Ich will den Kopf rauskriegen, und ich brauche es einfach mal, ein paar Tage wegzusein mit der Truppe, so wie jetzt gerade in Nowosibirsk, bei einem Liedfestival. Ich will den Kopf aber auch richtig reinkriegen. Wenn der Satz stimmt: Der gesellschaftliche Fortschritt wird in den ökonomischen Verhältnissen produziert, dann hab' ich die Nase ja immer vorn. Weil der gesellschaftliche Fortschritt mich am meisten interessiert. Und dafür will ich selber was tun und andere anregen, auch zuzugreifen. Steckt man aber zu tief aktuell drin, kann man zwar über einen ganz bestimmten Arbeitsprozeß recht detaillierte Aussagen machen, aber diese nicht verallgemeinern. Und das kriege ich momentan nicht in den richtigen Griff, das Problem. Meine Versuche, als einzelner zu rühren, sind fehlgeschlagen. Überhaupt sehe ich das Problem, daß zu wenig Leute gegenüber der Realität eine aktive Haltung einnehmen. Deshalb versuche ich, eine solche aktive Haltung zu produzieren. Auch ich bin zu oft inaktiv. Indem ich andere ermuntere, ermuntere ich mich selbst. Ich habe ja selbst nicht allzuviel geschafft bisher und blieb ziemlich allein. Ein Grund: Ich bin ein schlechter Organisator.«*

GERHARD GUNDERMANN: Von wann ist das?

HANS-DIETER SCHÜTT: *1988.*

GERHARD GUNDERMANN: Mir ging es in der »Brigade Feuerstein« immer um Effektivität, darum, daß man Aktivität nicht nur als Alibi nimmt, etwa nach dem Motto: »Ich hab es doch versucht.« Das schien mir zu wenig. Wir müssen mit unserem Leben etwas anfangen und rauskriegen, was nur wir können und also kein anderer; auch ich muß wissen, was nur ich kann und kein anderer – das war doch kein übler Gedanke. Diese Stadt Hoyerswerda und die Betriebe rundum, das war ein Rhythmus, der durchschlug. Wie ein Waffeleisen, das jeden Tag zuschlägt. Und da kam immer dasselbe raus ... Mich interessierte, wer und was über das Waffeleisen drüberguckt, und wie Leute sich diese Neugier erhalten, da drüberzugucken und noch was anderes zu sehen als die tägliche Scheiße. Oder anders: wie Individualität aufgebaut und behauptet wird.

HANS-DIETER SCHÜTT: *Lange her. Nun ist Gundermann auf dem Esoterik-Trip. Früher war er mit Sozialismus gepanzert; kaum ist der Panzer abgerostet, wird er anfällig für allen Mist der denkerischen Moderne. Gundermann: die Verweichlichung eines Kämpfers.*

GERHARD GUNDERMANN: Nee, auf diesem Dampfer hatte ich schon vorher angeheuert. Nach 1989 war plötzlich nur ein größerer Zugriff auf fremdes Gedankengut möglich. Wobei ich heute sagen muß, daß ich da auch 'ne Menge Gülle kaufte, an Büchern. Niemand sagte einem ja, was Mist ist und was nicht. Aber wie gesagt: Die Erkenntnisse, zu denen man kommen muß, die kommen unter allen Umständen. Das hat mit den äußeren Bedingungen wenig zu tun. In meinem Hund zum Beispiel vermutete ich schon zu DDR-Zeiten mehr Intelligenz als etwa mein Nachbar.

HANS-DIETER SCHÜTT: *Was habt ihr für einen Hund?*

GERHARD GUNDERMANN: Einen schwarzen. Nach Rasse darfst du nicht fragen. Ist ja auch uninteressant. Wichtig ist nur: Mein Hund hört nicht auf mich, weil ich ihn Mensch sein lasse.

HANS-DIETER SCHÜTT: *Wie heißt er?*

GERHARD GUNDERMANN: Lisa von Lügenstein. Haustiere bekommen von uns immer Namen, die in Kinderstücken von uns vorkamen. Die Lisa von Lügenstein war eine Figur aus einem Liederzirkus-Stück, und die spielte damals meine Frau.

HANS-DIETER SCHÜTT: *Zu welchen Augenblicken sagst du: Verweile doch, du bist so schön?*

GERHARD GUNDERMANN: Es sind die Momente, in denen ich Frieden finde, eine neue Erkenntnis, Übereinstimmung, Zärtlichkeit.

HANS-DIETER SCHÜTT: *Bei den Brüdern Boris und Arkadi Strugatzki, den sowjetischen Schriftstellern, heißt es: »Wir müssen wieder zu einem märchenhaften Denken kommen, das auf die Enge unseres Gehirns keine Rücksicht nimmt.« Die Herkunft des Menschen liege im Dunkeln. Sähe man einmal von solchen Details wie Evolutionen und wundersamer Entstehung ab, gelange man zu dem Schluß, daß dies alles für die Bestimmung unseres Wesens im Grunde ohne Belang ist. Ich erwähne das, weil ich weiß, die Strugatzkis haben es dir angetan.*

GERHARD GUNDERMANN: Das realistische Denken klammert sich an den Vordergrund, an das, was wir sehen können. Dabei gibt es zwei Grundprobleme. Erstens: Wir sehen im Theater eine Vorstellung, wir sehen die Schauspieler, die Dekoration. Aber wir sehen nicht, wer die Kulissen schiebt, das Licht macht, Regie führt. Zweitens: Das menschliche Gehirn ist nicht dazu da, die Welt zu zeigen, wie sie ist, sondern so, daß der Mensch in der Welt überleben kann. Wenn einer in zehn Meter Höhe steht, kommt ihm das viel höher vor als dem, der zu ihm hoch sieht. Einfach, weil es für den oben gefährlicher ist. Da übertreibt das Gehirn. Märchenhaftes Denken ist also nichts weiter als der Versuch, den Vordergrund zu durchschauen und durch das hindurch, was sich bewegt, den zu erkennen, der es bewegt. Und es ist der Versuch, nicht nur seinen Augen zu trauen. Mit jedem eindeutigen Gedanken über die Welt, der unbedingt geheimnislos sein will, entfernen wir uns von ihr. Ich finde einfach wunderbar, daß in unserem Gehirn alles möglich ist. Das ist für mich eigentliche Freiheit. Das kannst du bei den Strugatzkis finden, bei Stanislaw Lem, in Filmen von Tarkowski, bei allen Märchenerzählern.

HANS-DIETER SCHÜTT: *Die Vernunft ist möglicherweise eines von jenen Mitteln, die das Universum dazu ersann, um sich auf schnellstem Wege auszulöschen. So steht es bei Lem.*

GERHARD GUNDERMANN: Das ist bestimmt ein toller Satz. Aber den verstehe ich noch nicht. Da reiche ich nicht hin.

HANS-DIETER SCHÜTT: *Danke.*

GERHARD GUNDERMANN: Bitte.

HANS-DIETER SCHÜTT: *Bei Andrej Tarkowski, dem russischen Filmregisseur, las ich: »Die Menschen leben auf sieben Ebenen. Die eine ist jeweils höher als die andere. Mir kommt der Gedanke, daß die Kunst die Reaktion eines auf niedrigerer Ebene befindlichen Menschen auf sein Streben nach einer höheren Ebene beinhaltet. Eben dieser dramatische Konflikt, wo zugleich der einzuschlagende Weg für den Menschen im Dunkeln liegt, ist der Inhalt der Kunst und der künstlerischen Form.« Du hast mal gesagt: Ich glaube, die gesamte Menschheit läßt sich auf zwölf Grundtypen reduzieren, die ständig gegeneinander antreten, ihre Interessen ausfechten, über viele Jahrtausende hinweg, in immer verschiedenen Kreisen.*

GERHARD GUNDERMANN: Ja, so ein gigantisches »Mensch, ärgere dich nicht«, mit sieben blauen, gelben, roten, grünen, schwarzen, weißen und so weiter Steinen. Ein Gott würfelt 'ne Sechs, und ich bin geboren. Ich werde losgeschoben, irgendwann flieg ich raus. Dann warte ich auf die nächste Sechs. Auf das nächste Leben. Und wenn ich neu geboren werde, habe ich das vorige vergessen. Das ist schade. Es wäre doch interessant, wenn ich einen Zugang fände zu meinen vorherigen Existenzen. Solche Charaktere wie Kleist oder der Carl Schurz wirken sehr vertraut für mich. Vielleicht sind wir alle nur einer.

HANS-DIETER SCHÜTT: *Du meinst wieder den Punkt, daß man nicht mehr in die Welt hineingreift, sondern alles aus sich herausholt, was an grenzenloser Welt in einem selbst angelegt ist.*

GERHARD GUNDERMANN: Mein Lieblingsthema übrigens. Du siehst, ich schreib mir meine utopischen Romane sozusagen selbst. Nimm das überproportionierte Wachstum der Menschheit auf der Erde. Gelesen hab ich, daß es in der Entwicklung der Saurier, lange vor deren Aussterben, Parallelen gegeben haben soll: Eines Tages nahm deren Gehirnmasse im Verhältnis zur Körpermasse gewaltig zu. So, nun nimm wieder uns: Der Planet ist das Lebewesen, die Menschen sind nichts anderes als einzelne Nervenzellen, die miteinander vernetzt werden müssen, wir werden gleichsam die Gehirnmasse dieses Sauriers, wir werden die planetarische Intelligenz.

HANS-DIETER SCHÜTT: *Welches Verhältnis hast du zum Wechsel der Jahreszeiten, zu jenen unterschiedlichen Gefühlen, die natürliche Übergänge hervorrufen?*

GERHARD GUNDERMANN: Im Herbst laufe ich gern an der See entlang. Überhaupt am Wasser. Wenn ich die Blätter von den Bäumen fallen sehe, erfaßt mich eine panische Furcht. Ich habe Angst, daß es nicht mehr Frühling wird. Diese Angst wird von Jahr zu Jahr stärker. Im Oktober saß ich noch auf der Terrasse zu Hause und habe geradezu süchtig auf die Bäume geguckt, immer so, als sei es das letzte Mal. Die Sommersonnenwende ist der traurigste Moment im Jahr. Wenn ich nachts mit dem Fahrrad von der Schicht heimfuhr, und die Grillen zirpten am Teich, ging es durch meinen Kopf: Das mußt du dir merken, das mußt du dir merken, das kommt vielleicht nie wieder. Im Sommer filmten meine Frau und ich unsere Tochter im Garten, und wir sitzen im Winter vorm Video und starren das Grün an, wie eine Bestätigung: Ja, der Sommer hat wirklich stattgefunden. Auch deshalb meine Manie mit ganz bestimmten Gegenständen, die zu meinem Leben gehören: Gegenwart besteht aus einer einzigen Sekunde; was war, rette ich mir in was Anfaßbares, so wird Erinnerung materialisiert. Mein Gedächtnis hängt an solchem Material, nicht so sehr am unmittelbar Materiellen.

HANS-DIETER SCHÜTT: *Woran liegt diese Frühlingspanik, die du eben beschrieben hast?*

GERHARD GUNDERMANN: Woran das liegt, ist doch klar: Ich bin auf dem absteigenden Ast! Wir werden alt, Mensch! Ein Wissenschaftler hat mal gesagt: Jedes Paradies ist Ignoranz. Frühling stiftet auch gern zu Ignoranz an ... Ich kann unheimlich klar sehen, wenn ich wehmütig bin. Als sie bei uns im Tagebau mal einen alten Stützpunkt abrissen, bin ich nachts durch die Landschaft und die Baracken gelaufen und Ulla Meineke sang: Ich hör die Glocken am Turm, doch sie klingen nicht ... Wenn ich melancholisch bin, fühle ich mich wohl, im Nebel etwa. Aber es bleibt die Befürchtung: Bald geht nichts mehr. Es gibt für dieses Gefühl einen Text auf der LP »Februar«, die wir mit »Silly« machten: Und der Minister, der gestern noch gelacht hat, hat sich aufgehangen, »weil der Wald nicht mehr wußte, wie man Blätter macht«. Das ist meine große Angst: daß der Wald eines Tages keine Blätter mehr machen kann. Heute denkt man von allem, was auf der Welt passiert, schneller als früher, das Gegenteil mit, das andere Ende. Weil wir mehr wissen von unserer Effizienz als Schädlinge.

HANS-DIETER SCHÜTT: *Bist du anpassungsfähiger geworden?*

GERHARD GUNDERMANN: Daß die Blüte mit der Sonne mitgeht und der Mensch einen Schirm aufspannt, wenn es regnet – das ist Anpassung. Aber das ist für mich nichts Negatives. Man muß leben unter Spielregeln, die einem aufgezwungen werden. Daß ich Milch in Tüten Blödsinn finde und lieber Milch in der Kanne holen würde, führt nun nicht dazu, daß ich Milchtüten boykottiere und also meine Tochter keine Milch mehr kriegt. Man muß nur aufpassen, daß man sich von den Spielregeln nicht dazu bringen läßt, überhaupt kein Gegenprogramm mehr zu leben. Die Gegebenheiten anerkennen – das ist Anpassung, positiv formuliert. Wenn wir die Erde gefährden, bedeutet Anpassung, etwas gegen diese Gefährdung zu tun. Denn wir wollen ja weiterleben.

Hans-Dieter Schütt: *Bei Alexander Osang habe ich über dich gelesen: Die Kraft der Steine fasziniere dich, und Kiefer sei dein Holz.*

Gerhard Gundermann: Jeder Mensch hat ein inneres Gerüst, wie so ein Regal. Da packst du alles an Informationen rein, das wird immer mehr, das Regal verliert bald seine Übersichtlichkeit, die Fächer sind eines Tages voll, du packst alles oben rauf, irgendwann fällt das Regal zusammen oder du sortierst rechtzeitig neu. Bis 1989 verstand ich mich als strenger Materialist, und viele Informationen habe ich weggeschmissen. Einer Freundin kaufte ich mal, so mehr als Gag, ein Horoskop zum Geburtstag, ich gucke da drauf und gucke noch mal drauf: Die war da genau beschrieben! Ich zurück in den Laden und das Horoskop auch für mich gekauft. Stimmte ebenfalls! Von da an fing ich an, darüber nachzudenken, daß es ein vergeblicher Versuch ist, manche Dinge an sich unbedingt ändern zu wollen; es gibt nämlich Dinge, die kannst du nicht ablegen, das sind feste Anlagen in dir drin. Du bist Objekt und Subjekt zugleich. Zum Beispiel mein Sternbild und der Aszendent – das ist die Kippe zwischen Wassermann und Fisch. Der Fisch will abtauchen, zieht sich zurück – und der Wassermann rennt vornweg; das ist genau die Gespaltenheit, die ich in mir fühle. Das war genau das, was ich mir nie erklären konnte an mir: Montags war ich der Leiter eines Volkskunstkollektivs, der just in diesem Kollektiv die führende Rolle des Proletariats durchsetzen wollte, und schon am Dienstag wollte ich für den Rest der Woche meine Ruhe haben und lieber weg- als vornwegrennen. Wir wunderten uns immer, meine Frau und ich, daß wir so unterschiedlichen Geschmack etwa beim Kauf von Möbeln hatten. Heute ist die Sache geklärt: Wo ich sitze, ist helle Kiefer, wo meine Frau sitzt, ist dunkle Eiche. Man muß akzeptieren, daß jeder seine unverwechselbare Ecke braucht. Hätten wir über solche festgefügte Veranlagung früher tiefer nachgedacht, hätten wir unserer großen Tochter, einem sehr in sich zurückgezogenen Menschen, nicht dauernd zugemutet, bei Verwandten oder auf Familienfeiern jedem artig »Guten Tag!« zu sagen.

HANS-DIETER SCHÜTT: *Welche Folgen hat dein anderes Denken, dein neues Vertrauen in Phantasie und dein Zweifel an Ideologie – welche Folgen hat das für dein unmittelbares politisches Verständnis der Zeit? Du hast ja vorhin gesagt und argumentiert, daß Sozialismus zum Beispiel nach wie vor ein unvermeidlicher Gedanke ist.*

GERHARD GUNDERMANN: Trotzdem bleibt wichtig: Ich bin vorsichtiger geworden. Jedes Urteil von heute ist ein Vor-Urteil von morgen. Für das, was ich heute bewerte, stehen mir morgen ganz neue Informationen zur Verfügung, und ich werde in vielen Fällen mein Urteil revidieren müssen. Das erleben wir ja in Politik und Geschichte am laufenden Band. Deshalb ist jedes Urteil, ist jede Meinung immer wieder in Frage zu stellen. Einfach, um Reaktionsmöglichkeiten in der Welt zu haben, in der ich nun mal lebe. 1971 diskutierte ich noch mit einem Freund über die Tatsache, daß bald das Geld abgeschafft sein würde. Heute weiß ich, daß die Entfernung zwischen meinem Leben und dem Kommunismus doch etwas größer ist. Wenn ich am Prinzip Sozialismus festhalten will, muß ich auch dieses Prinzip neu definieren. Definiere ich ihn als Gegensatz zum Kapitalismus, kann ich die Beschäftigung mit dem Thema abschreiben. Ich habe keine vierhundert Jahre Zeit mehr. Definiere ich Sozialismus aber, wie gesagt, als Gegensatz zum Egoismus, und von der Urbedeutung des Wortes her ist der Sozius ja der Gefährte, der Mensch neben dir, dann kann ich plötzlich wieder sehr viel mit dem Begriff anfangen und finde genügend Ansatzpunkte. Auch mit dem Gegensatz von Gut und Böse kann ich nicht mehr so sehr viel anfangen. Es heißt immer, Kriege sind böse. Das ist wahr. Aber: Vielleicht wird uns die mit Kriegen verbundene Entwicklung der Waffentechnologie eines Tages jene Waffe bescheren, mit der wir einen Himmelskörper, der auf die Erde zurast, wegsprengen können, ohne daß wir selber ausgelöscht werden. Ich weiß, das sind wieder so ganz verrückte Gedanken, aber das hat mit dem zu tun, was ich schon mal sagte und was ja uralt ist als Erkenntnis: Alles stimmt nur mit seinem Gegenteil.

HANS-DIETER SCHÜTT: *Könnte heißen: Meinungslosigkeit ist das Beste.*

GERHARD GUNDERMANN: Es ist nun mal wahr, daß sich die weisen Leute wirklich raushalten. Früher haben wir mit einem Unterton der Entrüstung gesagt, nur wer nichts macht, macht keine Fehler. Vielleicht sollte man wirklich nichts machen … Außerdem: Wer nichts macht, verbraucht auch keine Energie. Ich würde mein Glück jedenfalls gern finden, ohne am Glück anderer herumzufressen. Aber das ist schwierig, wenn man mit anderen Menschen zusammenlebt. Schon jede Dreiecksgeschichte ist ja eine Geschichte von Liebe und eine von Zerstörung. Leben heißt töten. Goethe fragte mal, wie er eigentlich leben könne, wo doch andere schon leben. Oder Sartre: Der Mensch wird schuldig in dem Moment, da er geboren wird.

HANS-DIETER SCHÜTT: *Da gibt es eine interessante Beschreibung von Arthur Miller, der den eigentlichen Narren darin sieht, daß er die Späße im eigenen Kopf drinläßt: Weisheit besteht darin, »in dunkler Höhle das innere Leuchten seiner selbst« zu suchen.*

GERHARD GUNDERMANN: Es gibt ein Buch von den Strugatzkis, darin wird beschrieben, wie die Menschen es schaffen, mit Drogen den Glücksnerv direkt zu stimulieren. So 'ne Art Weiterentwicklung von Cyberspace. Man kann auf die äußeren, realen Anreize verzichten. Das Kino findet im Kopf statt. Manchmal denke ich, vielleicht sind gerade wir Menschen, die sich als Krone der Schöpfung vorkommen, die letzte Art auf diesem Planeten, die auf diese Idee kam. Andere Wesen sind weiter: Hunde und Katzen bewegen sich nur, um die nötigen Kalorien zu organisieren für die Energieversorgung ihres Gehirns, dann legen sie sich hin, schlafen und träumen. Während wir den lieben langen Tag rumrammeln und jede Menge Welt verbrauchen für ein paar erbärmliche Abenteuer.

HANS-DIETER SCHÜTT: *Aha, deshalb dieses Reden von den Abenteuern im Kopf. Das ist Notwehr gegen Abenteuer draußen.*

GERHARD GUNDERMANN: Ja, ehrlich, ich will immer weniger Abenteuer draußen. Ich will sehen und in Ruhe gelassen werden.

HANS-DIETER SCHÜTT: *Nun läßt das die Welt nicht zu, das weißt du ja sehr genau, und davon erzählen ja deine Lieder. Da zieht sich der Gedanke durch, daß die Welt, so wie wir leben, kaum zu retten ist, und Gundermann ist Gundermann geworden, weil er ein Gegenprogramm zu diesem Weltengang anbietet. Also. So weltallmäßig entfernt ist er gar nicht.*

GERHARD GUNDERMANN: Ist ja klar. Und in solcher Lage gibt es zwei Möglichkeiten. Die eine ist der blanke Hedonismus, also: Ich nehme, was ich kriegen kann. Die andere Variante: Ich schraube mich total zurück und orientiere mich in meinen Bedürfnissen neu. Es geht dabei nicht um Askese, aber um Bescheidung. Das Erstaunliche ist, daß dies viel mehr Genüsse bringen kann. Allerdings bedarf es einer ständigen Wachheit. Für den normalen Alltag bedeutet das, sich ständig zu überprüfen. Bei scheinbaren Kleinigkeiten. Fahre ich zu schnell? Brauche ich das oder das? Muß ich jetzt unbedingt dies tun oder jenes? Wenn du das durchhalten willst, kriegst du freilich eine Panne. Es ist anstrengend, aber im übrigen alles andere als überragend. Es hat mit Heldentum nichts zu tun. Doch ich bleibe dabei: Du mußt auswählen, was dir wichtig ist, du mußt auf Signale hören, du mußt offen für sie sein, du mußt jede Information gleichsam durch ein Raster jagen, dich fragen: Was mache ich jetzt eigentlich? Will ich das? Oder soll ich das?

HANS-DIETER SCHÜTT: *Zum Beispiel?*

GERHARD GUNDERMANN: Daß der Mensch nicht das einzige vernunftbegabte Wesen im Universum ist, das war mir schon immer klar. Wir haben darüber geredet. Daß auch andere Lebewesen eine Seele haben, auch. Aber als ich eines Nachts, ich kam von einem Auftritt, auf einem Parkplatz anhielt, um ein bißchen zu schlafen, da stand just auf diesem Parkplatz an der Raststätte Motzen ein großer Viehtransporter, und ich hörte die Tiere scharren und brüllen. Da war mein einziger Gedanke: Wieso esse ich das Fleisch dieser Kreaturen? So ein Signal, nimmt man es auf, hat weitere Konsequenzen: Im Kofferraum meines Autos liegt seither ein Spaten, den habe ich immer dabei, und wenn ich auf der Straße ein totes, überfahrenes Tier sehe, begrabe ich es. Für den einen mag das Spinnerei sein, für mich ist es wichtig. Freilich kannst du nicht immer mit deinem Spaten los, sonst wirst du ja heutzutage selber überfahren, und keine Sau hält an. Auch am Tage nicht. Ich habe auch schon mal einen angefahrenen Igel mit nach Hause genommen, um ihn wieder aufzupäppeln. Aber wenn du dich einmal darauf einläßt, daß dir die Dinge nicht egal sind – du kommst nicht mehr zur Ruhe. Das kann zum Problem werden, und du wirst dir Selbstschutzmechanismen anschaffen müssen.

HANS-DIETER SCHÜTT: *Nun ist du zwar kein Fleisch mehr, aber doch dein Hund. So wie deine Tochter die Milch aus den Tüten bekommt, die du boykottieren möchtest.*

GERHARD GUNDERMANN: Das muß ich akzeptieren. Und wenn meine Tochter ihr Fleisch auf dem Teller läßt, und der Hund will's auch nicht, dann werfe ich das natürlich nicht weg. Das wäre ja pervers. Also du siehst, ich hab' schon meine Funktion in der familiären Nahrungskette. Und wenn man einmal auf blöde Gedanken kommt, nimmt das kein Ende. Wenn zum Beispiel Tiere eine Seele haben, dann Tomaten vielleicht auch. Kürzlich las ich von chemischen Untersuchungen an Pflanzen. Wenn Tomaten, Möhren und Kartoffeln zum Zwecke des Experimentierens zerschnitten werden, dann sondern sie andere Signale aus als in Momenten, da sie zum Zwecke des Essens zerkleinert werden. Ich schließe daraus, daß sie sich mit dem Gegessenwerden abfinden können, mit Zerhacktwerden nicht. Ich hoffe auch, daß es so ist, denn irgendwas muß ich ja essen. Der Unterschied zwischen einem Ferkel und einem Apfel besteht ja auch darin, daß ein Ferkel gegessen wird, bevor es richtig gelebt hat. Der Apfel schmeckt erst, wenn er reif ist. Also alt. Er hat alles gehabt, was er kriegen kann: Sonne, Wind, Regen. Dann fällt er vom Baum. Ich fang ihn auf und esse ihn. Das geht doch, oder?

HANS-DIETER SCHÜTT: *Durch Wissen verliert man Unschuld. Aber ohne Wissen geht es nicht.*

GERHARD GUNDERMANN: Bis zum dreißigsten Jahr meines Lebens war ich auf dem Weg vom Ich zum Wir; jetzt bin ich eher auf der Suche nach mir selber, und ich merke, daß man dafür eine Technologie entwickeln muß. Zum Beispiel heizten wir eine Zeitlang mit Kohle, etwa fürs Badewasser, und der Badeofen platzte eines Tages, mitten im Sommer. Da hab ich mir gesagt, ist ja wirklich Schwachsinn, draußen herrschen 30 Grad, und wir jagen noch Kohle durch den Schornstein wegen dieses blöden Badeofens. Aus einem abgerissenen Kindergarten holte ich mir diese Röhrenheizungen, montierte die aufs Dach, strich sie schwarz an und füllte sie mit Wasser. Wenn ich von der Schicht kam, hatte das Wasser eine Temperatur von sechzig Grad. Eine einfache Sache; wenn man die verfeinert, kann man so was sogar anderen Leuten anbieten. Früher war ich ein scharfer Gegner dieser Nischen-Philosophie. Ich meinte, in den Nischen sitzen die, die sich aus der Gesellschaft zurückgezogen haben, die sich feige aus allem raushalten. Aber heute sehe ich auch das anders. In den Nischen werden die Pfeiler errichtet, die mal sehr viel abstützen können, wenn die Welt ins Rutschen kommt. In den Nischen entstehen, aus Gründen eines wie immer zu bewertenden Individualismus, jene Technologien des Überlebens, deren Produkte, wenn sie in einen Austausch kommen, unsere Existenz sichern könnten. Siehe das Beispiel mit dem Badeofen-Ersatz. In den Nischen wissen die Leute noch, welche Pilze man essen kann, wie die Bäume heißen und wie man ohne Chemie auskommt.

HANS-DIETER SCHÜTT: *Nun bist du ja der Chef von »Gundermann & Seilschaft«, zwar nicht mehr »Leiter eines Volkskunstkollektivs«, aber immerhin Chef. Kommst du in dieser Funktion mit deiner gewachsenen Toleranz und weitherzigen Weltsicht klar?*

GERHARD GUNDERMANN: Ich bin so ein bißchen der Drücker, der Beschleuniger, aber nicht der Ideologe. Die Fügung hat uns zusammengebracht, und nun muß jeder an seinem Platz mit seinem Anteil und seiner Aufgabe klarkommen.

HANS-DIETER SCHÜTT: *Seid ihr eine gute Truppe?*

GERHARD GUNDERMANN: Ja, absolut. Es ist passiert, daß wir ein paar Wochen auf Tournee waren, und in der letzten Nacht, irgendwo auf einem Parkplatz, wo wir uns voneinander verabschieden wollten, haben wir noch zwei Stunden miteinander gequatscht. Als hätten wir uns lange nicht gesehen. Schöneres könnte ich nicht sagen über uns. Übrigens schrie mich mein Bassist gerade an, weil ich Bücher über den Putsch in Chile 1973 nicht mitgebracht habe. Die will er lesen. Also, ich schaffte mir nicht Musiker an, damit nur ich nachdenke und die Jungs lediglich die Harmonien spielen.

HANS-DIETER SCHÜTT: *In deinen Liedern spielt in nahezu regelmäßigen Abständen der legendäre Drachentöter Lancelot eine große Rolle. Bist du Lancelot?*

GERHARD GUNDERMANN: Jeder ist Lancelot, und jeder ist auch der, der über ihn lacht und ihn verstößt. Ich habe immer weniger Illusionen von der Reinheit der Helden, und in dem Zusammenhang rede ich am liebsten von Ent-Täuschung. Das ist nämlich nichts weiter, als sich die Illusionen vom Halse zu schaffen. Ent-Täuschung heißt: Man sieht, was ist. In diesem Sinne ist Enttäuschung kein Verlust reeller Werte, sondern ein Abwurf von Ballast.

HANS-DIETER SCHÜTT: *Eberhard Esche spielte Mitte der sechziger Jahre Jewgeni Schwarz' Lancelot im »Drachen« am Deutschen Theater Berlin, in einer legendären Aufführung von Benno Besson. Esche sagte: »Die Sieger sind gleichzeitig Verlierer. Da befreit einer die Stadt und darf eigentlich erwarten, daß er jetzt als Retter begrüßt wird. Aber das Gegenteil stellt sich heraus. Man denkt vielleicht an den Sowjetsoldaten, der die Deutschen unter großen Opfern vom Nazismus befreit, aber er wird keinesfalls von allen als Befreier begrüßt.«*

GERHARD GUNDERMANN: Das ist das Samurai-Problem. Das Dorf hat sie bezahlt, damit sie die Räuber verjagen, die die Ernte wegfressen, die Frauen vergewaltigen und die Kinder verderben. Die Samurai erledigen das auch. Aber am nächsten Tag fällt ihnen ein, daß sie einen Mordshunger haben, sie stellen den Mädchen nach und unterrichten kleine Jungs im Töten. Der Samurai wird nur solange gebraucht, wie es den Räuber gibt. Fällt der weg, wird der Samurai zum Ballast. Nur wenn er, wie der siebente, sein Programm ändern kann, vom Killer zum Bauern, kann und sollte er weiter leben.

HANS-DIETER SCHÜTT: *Brauchst du als Sänger mehr und mehr den Rückzug auf die Beobachterposition?*

GERHARD GUNDERMANN: Ich weiß nicht, ob das ein Rückzug ist. Also auf 'm Schiff ist der Ausguck ganz oben im Mastkorb, bei der Artillerie ganz vorne, möglichst hinter den feindlichen Linien. Das ist doch eine exponierte, gefährliche Position. Du meinst aber sicher Beobachter im Sinne von: Einer sieht zu, wie die anderen machen. Das klingt nach Rückzug. Aber wenn einer, der mitmacht, ab und zu mal auf die Leiter steigt, um den Überblick nicht zu verlieren – das ist doch eher Bewußtseinserweiterung. Und wenn der Mann im Ausguck schreit: Mann über Bord! oder Land in Sicht! dann ist das doch gut, dazu isser ja da. Oder so: Du gehst durch die Stadt, durch die du ein Leben lang gehst. Da siehste doch gar nicht mehr richtig hin, kennst ja alles. Aber dann setz dir mal die Walkmanhörer auf, und du entdeckst völlig neue, auch schöne Bilder.

HANS-DIETER SCHÜTT: *Der kalte Blick, gut. Ist Übereinstimmung mit einer Sache, einer Beobachtung wichtiger als die Krise? Wenn man Kunst macht?*

GERHARD GUNDERMANN: Der Gärtner muß ja auch erst stinkende Gülle aufs Beet kippen, damit die Rosen schön duften. Da ich das weiß, nehme ich die Gülle in Kauf. Aber mir fehlt das Vermögen, mich an ihrem Geruch genauso zu erfreuen wie an dem der Blumen. Ich bin ein harmoniebedürftiger Mensch. Ich kann Krisen ertragen, aber nicht genießen.

HANS-DIETER SCHÜTT: *Als sehr harmonisch bist du nicht sehr vielen in Erinnerung. Von Harmoniestreben steht nichts in den Parteibeschlüssen gegen dich.*

GERHARD GUNDERMANN: Ach, ist ja lächerlich. Bei dem Ärger, den ich in der DDR hier und da mal hatte, mit Parteisekretären oder anderen Leuten, dachte ich im nachhinein oft: Warum bist du eigentlich nicht weiter gegangen, bis an eine Grenze, die ich bis dahin ja nicht kannte? Ich war eigentlich nicht angstlos genug für den wahren, ernsthaften Konflikt. Das eigene Leben war mir letztlich immer wichtiger als der Fortbestand des Prinzips.

HANS-DIETER SCHÜTT: *War der Herbst 1989 für dich eine Revolution?*

GERHARD GUNDERMANN: Nein. Die Bürgerrechtler redeten 1989/1990 alle darüber, wie sie den Sozialismus in der DDR verbessern könnten. Die SED sollte nicht abgeschafft, sondern deren Macht gebrochen werden. Gemeinsam wollte man den Staat reformieren. Wenn am 4. November auf der Demonstration in Berlin jemand gesagt hätte, die Privatisierung des Volkseigentums müsse in Gang gesetzt werden – den hätte man davongejagt. Ich finde, heute wollen einige im nachhinein den vergeblichen Nachweis antreten, sie hätten damals die Prozesse im Griff gehabt. Aber nichts haben sie im Griff gehabt! Bürgerrechtler sind wie alle anderen Politiker überrascht worden. Es gibt keinen kausalen Zusammenhang zwischen dem Auftauchen von Bärbel Bohley und dem Untergang der DDR. Es war nur zufällig zeitgleich. So wie der Junge, der mit dem Knüppel gegen eine Laterne schlug, und in dem Moment fällt zufällig das städtische Kraftwerk aus. Der Junge erschrak und dachte nun, er hätte schuld, daß die Stadt im Dunkeln liegt. Das wäre ja, auf die Bürgerrechtler bezogen, kein Problem, aber wenn die uns heute erzählen, daß genau dieses Deutschland nun das Ziel all ihrer Träume ist, dann klingt das, als behauptete der Junge, daß er vorhatte, die Straßenbeleuchtung abzuschalten – indem er mit dem Stock an 'ne Laterne haut. Also 'ne Revolution war es nicht. Aber ich kann auch nicht sagen, was sonst es war. Ich weiß auch nicht, warum genau das Kraftwerk ausgefallen ist.

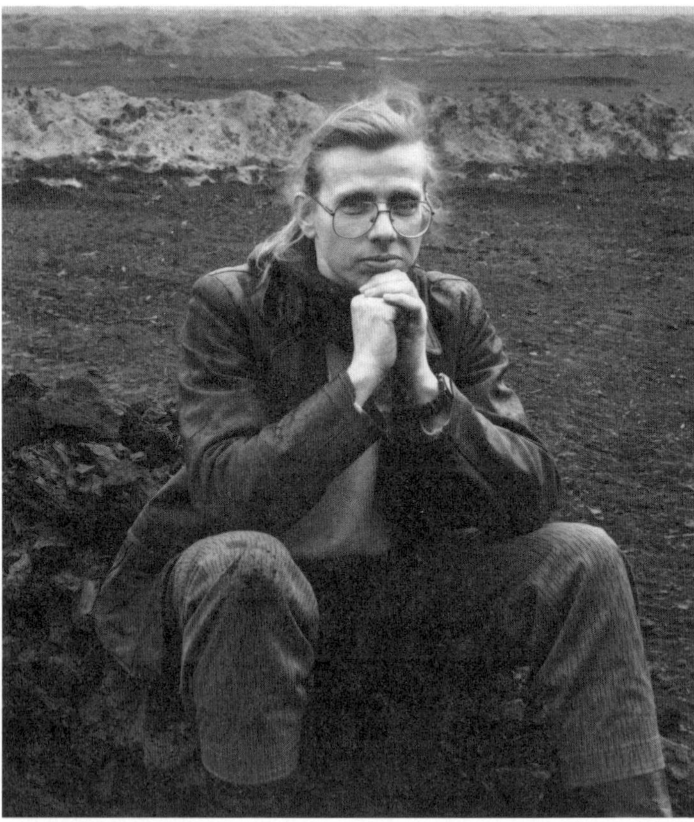

Volker Braun

Die Leute von Hoywoy (2)

Dreißig Jahre nach den kleinen Erdarbeiten im mitteldeutschen Loch, die mich die Jugend gekostet hatten, sah ich auf dem Bildschirm jene einst berühmte Stadt, in der wir gehaust hatten, in einer entsetzlichen Verwirrung. Ganze Haufen ihrer Bewohner waren in aufgeregter Bewegung auf ein großes Gebäude zu, und sie schleuderten ihre Arme – nicht wie einst an den Schaufeln, im Schlamm: mit Drohgebärden, und um Steine und Brandflaschen in die Fenster zu werfen. Die Werkzeuge, mit denen wir gearbeitet hatten, schleppten sie als Waffen, die Worte waren ganz unverständlich geworden. NIGGERSCHWEINE, VERPISST EUCH. WIR BRINGEN EUCH UM. Ich versuchte, auf den Film starrend, die Gesichter zu entziffern – trugen sie noch die Züge der Bauarbeiter, ich gehörte zu ihnen, lange ist's her, die sich bewegt hatten von Bauplatz zu Bauplatz, für Geld und gute Losungen in die FROHE ZUKUNFT. Ich sah haßkalte Fressen von Jünglingen, und die satten Gesichter Erwachsener, die aus ihren Wagenburgen Beifall grinsten.

Was für eine Rasse, fragte ich mich, hatte sich hier eingenistet, in den banalen Neubauten, auf den rohen Maschinen. Was hatte sich ausgebildet in dem faulen Frieden, in der Langeweile des Staats. In dem Schreberland zwischen Losung und Leben. Sie waren seßhaft geworden. Sie waren nicht weitergereist in die Zukunft, nicht in die Welt. Sie hatten sich eingerichtet in ihrem billigen Eigentum. Sie sprachen keine Sprache, außer der eigenen. Sie kannten nicht der Erde vielfarbene Menschheit. Unwissend und argwöhnisch betrachteten sie die Fremden, denen die Stadt Obdach bot; ahnungslos böse, toll vor Verachtung. Und sie ruhten nicht und ließen randalieren, bis das Pack auf Transport ging.

Aber ich hatte sie eben noch, an diesem gespenstischen Gerät, gesehen mit ratlosen, schamlosen, zerflossenen Mienen. Geduckt in Korridoren, in Sessel geworfen. Verzweifelt schwafelnd oder schweigend. Es war ihnen, den Erbauern von einst, den berühmten Leuten, etwas zugestoßen. Man war mit ihnen umgesprungen, wie kein Polier, kein Polizist es einst gewagt hatte. Es war etwas hereingebrochen, eine namenlose, eine Naturgewalt, die das Gelände entseelte und die Betriebe verödete. Die sie enteignete ihres unbestimmten Besitzes, ihrer Sicherheit. Zersiebt, zerstreut, entlassen; außer Kraft gesetzt ihr Leben. Wer waren sie nun. Ihre Blicke, ihre Rechnungen sagten: verächtliche Wesen. Das hatte man mit ihnen gemacht. – Und nun zeigten sie ihre Kraft, den Schwächeren, und erwiderten die Gewalt, die sie erfuhren, auf einen Schlag. Sie konnten, sie mußten wünschen, nicht die Letzten zu sein im Staat, nicht die Allerletzten. Nun schlugen sie zu.

Was für Elendsgestalten, dachte ich. Ein unterentwickeltes Land! Eine Dürrezone des Mitgefühls! Ein Katastrophengebiet! Sie waren selber Fremde, im Ausland hier, auf der Flucht. Wohin wollten sie, wohin geraten? Ich stellte den Kasten ab, um Stillschweigen zu bewahren oder sie zu verbergen in der Dunkelheit. Aber sie waren jetzt im Raum. Glück auf, sagten sie. Antworte uns, GLÜCK AUF, WEM GEHÖRT DIE WELT. Glück auf, Kollegen. – Ich gehörte noch zu ihnen.

Noch mal die Leute von Hoywoy

Das fünfte Gespräch

Eine Polen-Mauer mit Knautschlack

Nicht die Läuse, sondern der Hund

Sehr dünne Nerven eines Grünen

Ist Kohl ein Terminator?

Gegenprogramm zum Gute-Laune-Radio

Optimismus und Pessimismus

Das Überlebens-Set im Blechkoffer

hier draußen vergeht den apparaten das klingen
hier draußen wo nachts im wald die steine schrein
von denen lernen wir jetzt wieder weinen und singen
und ansonsten stille zu sein

GERHARD GUNDERMANN
(aus »oweoweh«)

HANS-DIETER SCHÜTT: *Gerhard, du lebst bei Hoyerswerda. Von über 80 000 Einwohnern blieben nach der Wende noch knapp über 50 000. Die Stadt wurde traurigerweise bekannt durch rechtsradikale Ausschreitungen. Sofort hieß es: Hier ist nur der Deckel hochgegangen, den die SED jahrelang niederhielt. Volker Braun, der als Student Hoyerswerda als neues sozialistisches Stadtmodell mit aufbaute, hat einen bitteren Text geschrieben, ein bitteres Bekenntnis zu den Bewohnern von Hoywoy.*

GERHARD GUNDERMANN: Es passierten hier aber eigentlich keine rechtsradikalen Geschichten, das hatte andere Ursachen. Es gibt in der Stadt seit dreißig Jahren Ausländerstreß. Das sind immer ganz normale Revierkämpfe gewesen. Zuerst kamen ungarische Monteure, die bekamen einen Teil ihres Lohns in Devisen und fuhren die Trophy-MZ mit dem Büffeltank. Vorm Ungarn-Block standen also diese Dinger. Und auch wir standen da: total neidisch und sauer. Dann kamen Tausende Polen; die Polen-Mauer nannte man jenes Hochhaus, in das die quasi eingesperrt wurden. Zuerst haben die die Spannteppiche rausgeschnitten und nach Hause geschickt zu Muttern. Polnische Knautschlack-Taschen und Knautschlack-Mäntel waren damals Mode, und die Eltern von Hoyerswerda hatten Wut, weil ihre minderjährigen Töchter vor der Polen-Mauer standen, um eventeuell auch etwas Knautschlack abzukriegen. Dann kamen die Algerier, und da war nicht nur Streß, sondern regelrecht Scheiße angesagt – die liefen nämlich mit gezücktem Messer aufs Spielfeld. Die waren vorher teilweise im westlichen Ausland, hatten also ihr Trainingslager in Sachen Ausländerhaß hinter sich; die nahmen alles recht locker, indem sie einfach zustachen. Als nächstes flogen die Vietnamesen ein. Ankunft in drei Wellen: zuerst die Partisanen, die kamen von der militärischen an die Lernfront; der Lehrmeister ging nachts durch die Zimmer und mußte das Licht zwangsweise ausknipsen. Sonst hätten die nie von den Büchern aufgeguckt, die saßen in Uniform und büffelten. Die zweite Welle waren so ein wenig die Querköpfe, die man für eine Zeit loswerden wollte. Und der dritte Schub – das waren die Funktionärskinder, die die DDR als ihren verlängerten Urlaub betrachteten. Die Vietnamesen waren am ruhigsten. Diese Ruhe dauerte allerdings nicht lange, denn nun kamen die Mosambikaner. Die waren ganz dufte, solange sie beim Betriebsfest als Folkloregruppe auf der Bühne standen. Applaus, Applaus! Aber wenn sie in der Pause mal mit der Frau des Brigadiers tanzen wollten, ging der Ofen aus.

Dieser Überschuß an Männern gegenüber Frauen bildete in Hoyerswerda schon immer ein Problem, und Probleme mit Ausländern gab's also auch schon immer. Das zeigte freilich die »Aktuelle Kamera« nicht. So, nun kommt noch folgendes hinzu: In so einer Industriestadt, in der durch das Arbeitsregime sehr viel genormt ist, existiert eine lediglich schmale Bandbreite an Toleranz. Der Industriearbeiter will, daß der Mosambikaner früh um sechs am Arbeitsplatz erscheint. Er hat keine Lust, die Arbeit des anderen mitzumachen, und diese Art Unlust kann ich durchaus verstehen. Die Afrikaner wohnten aber in einem Hochhaus, in dem durch den Mehrschicht-Rhythmus rund um die Uhr Musik, Krach und sonstiger Gaudi angesagt war. Ergebnis: Die erschienen zu allen Schichten übermüdet und verpennten ständig. Wenn aber einer im Tagebau an der Klappe einpennt, und ein anderer muß erst mal drei Stunden das Band am Bagger freischippen, dann kommt da wenig Freude auf. Das hat überhaupt nichts mit Ausländerfeindlichkeit zu tun.

Den gleichen Streß gab's mit den sogenannten Sozis, die kamen aus Potsdam, von der Äppelplantage, Aushilfskräfte für den

Winter. Da wurden uns wirklich die letzten Hänger geschickt, die nicht mal Traktor fahren konnten. Also: Ob einer nun aus Babelsberg oder aus Maputo auftauchte – wer die Anforderungen an den deutschen Industriearbeiter nicht erfüllte, ich drück das jetzt mal so kraß aus, der kriegte Ärger.

HANS-DIETER SCHÜTT: *Als Rechtsradikalen hat man sogar dich bezeichnet – als du sagtest, es gäbe Unterschiede in der Lebensweise, die wischt kein noch so großer Harmoniewille weg.*

GERHARD GUNDERMANN: Es geht nicht darum, alles zu vermanschen, sondern das Fremde auszuhalten. Mein Hund, der bei mir zur Familie gehört, der auf meinem Kissen schläft, ist für den Vietnamesen lediglich eine wandelnde Delikatesse auf vier Beinen. Mein Hund, mein Bruder, mein Kind soll erschlagen und gegessen werden! Wenn das passiert, werde ich den Vietnamesen erschlagen müssen, obwohl er mein Kumpel ist. So liegen die Dinge. Also jetzt mal kraß ausgedrückt. Wichtig ist, daß man für jeden Kulturkreis Räume schafft.

Aber China Town gab es eben nicht in der DDR. Der Begründer der Grünen in Hoyerswerda, ein Ausbund an Toleranz, der wohnte Wand an Wand (Neubauwände!) mit Ausländern. Immer kaputter kam der zur Arbeit, total durchgeleiert von den lauten Nächten. Auf 'm Balkon haben die ihre geklauten Schafe geschlachtet. Als es Kleidersammlungen gab, wurden die Ausländer immer unzufriedener mit dem Angebot; eines Tages hingen die geschenkten Sachen in den Bäumen. Totale Assimilation, finde ich, funktioniert nicht. Am Ende solcher Versuche, alles unter einen Hut zu zwingen, applaudiert sogar ein geplagter, übermüdeter Grüner, wenn's gegen die Ausländer geht, die ihm in die Grünanlage scheißen.

Wenn es Leuten so schlecht geht, daß sie ihr Land verlassen, ist das böse. Wenn sie aber alle zu uns kommen, wird das auch böse. Man muß den Menschen dort helfen, wo sie leben. Das ist die Art Hilfe, bei der ein einzelner nichts ausrichten kann. Da muß der Staat ran. Und ich bemesse eine Gesellschaft schon danach, wie sie das Problem regelt.

HANS-DIETER SCHÜTT: *Gerhard, denkst du eigentlich manchmal an den Tod?*

GERHARD GUNDERMANN: Ja, ich denke dran. Ich habe alles gesehn und alles gehabt. Ich könnte gehen – vorausgesetzt, Conny kommt mit. Aber das ist ja nur die eine Seite, daß man genug bekommen hat. Die andere Seite ist, ob man fertig ist mit dem Geben. Und deshalb will ich schon noch 'n bißchen bleiben, zumindest so lange, bis die Kinder ohne uns auskommen. Ich bin ja auch noch nicht dran. Wenn ich dran wäre – ich wüßte das, ich spürte das. Bestimmt.

HANS-DIETER SCHÜTT: *Vielleicht ist Sterben so, wie man einen Computer abschaltet, sagt Janosch, der Maler und Dichter. Der Strom geht weg, und im Bildschirm blitzt es noch einmal so hell auf, daß das gesamte Programm in diesem Blitz erscheint. Der Cursor schwingt noch einmal durch den ganzen Speicher und nimmt mit einem Male alles zugleich wahr. Glaubst du an Reinkarnation?*

GERHARD GUNDERMANN: Springsteen ist der Boß. Und der singt: Everything dies, baby, that's a fact. May be, everything that died some day comes back. Und da gibt es ja nun nichts dran zu deuteln.

HANS-DIETER SCHÜTT: *Ist es die Angst, die Endlichkeit des Lebens anerkennen zu müssen?*

GERHARD GUNDERMANN: Es wäre doch einfach unlogisch, daß in einer Welt, in der alles einem Rhythmus von Kommen und Gehen, Rein und Raus, Ebbe und Flut, Morgen und Abend, Sommer und Winter unterworfen ist, anzunehmen, daß irgend etwas endgültig vorbei sein soll. Das Begriffspaar heißt Ende und Anfang. Das Problem der Reinkarnation ist doch nur die Erinnerungslosigkeit unserer verschiedenen Existenzen. Ich denke aber, daß die Erkenntnisse einer jeweils vorherigen Existenz Eingang finden in das Leben, das man gerade lebt.

HANS-DIETER SCHÜTT: *»Vielleicht sind unsere Augen nur ein photographischer Film, den man uns nach dem Tod entnimmt, um ihn irgendwo zu entwickeln und als Lebensgeschichte auf den Bildschirm eines infernalischen Kinos zu projizieren oder ihn als Mikrofilm in eine Sternenleere zu entsenden.« So schreibt der französische Philosoph Jean Baudrillard.*

GERHARD GUNDERMANN: Siehst du, ich bin nicht der einzige, der spinnt. Das beruhigt ungemein.

HANS-DIETER SCHÜTT: *Bist du mit der deutschen Einheit trauriger geworden?*

GERHARD GUNDERMANN: Ich bin trauriger, seitdem mein Vater starb.

HANS-DIETER SCHÜTT: *Wir müssen noch mal auf die Ökologie kommen. Du hast gesagt, jahrelang seist du Bergmann gewesen, nun würdest du gern an der Reparatur dessen mitwirken, was ihr versaut habt.*

GERHARD GUNDERMANN: Ja, wir haben ja drüber gesprochen: Ein Grundfehler war diese sture Hoffnung in die Unendlichkeit der Ressourcen.

HANS-DIETER SCHÜTT: *War? Der Physiker Hans-Peter Dürr meint, wir behandeln unsere Umwelt wie einen Steinbruch, in den man beliebig Müll füllen kann. Es ist letzten Endes das Modell einer Bankräubergesellschaft, in der wir leben: Wertschöpfung besteht darin, daß man Geld nur investiert in Schweißgeräte, mit denen man einen Tresor nach dem anderen aufschweißt. Was denkst du, warum entwickeln sich so wenig Gegenkräfte bei dieser alarmierenden Entwicklung? Ein Beispiel: Aus der Verarmung der Arbeiterschaft erwuchs einst das politisch-organisierte Proletariat. Der Kapitalismus produzierte seine »Totengräber« …*

GERHARD GUNDERMANN: Typisches Beispiel von anthrophozentrischem Denken. Auf deutsch: der Mensch im Mittelpunkt. Aber es geht doch nicht um die Läuse, es geht um den Hund. Wenn wir den Planeten zu sehr belasten, dann wird er uns wieder abschütteln, abschaffen. Es ist nicht entscheidend, ob das Proletariat der Totengräber des Kapitalismus sein kann, aber der Kapitalismus wird der Totengräber der menschlichen Zivilisation sein. Wenn die ihn machen läßt. Aber das juckt doch den Planeten nicht. Dann ist eben die nächste Rasse am Zug. Sagen wir: die Insekten. Die sind gut drauf. Die können mit der Welt, die wir ihnen hinterlassen, sehr gut was anfangen. Sie haben nämlich einen Vorteil gegenüber dem Menschen: ihre kurze Lebensdauer. Das sichert die genetische Veränderung und Anpassung an die sich verändernden Lebensbedingungen durch eine schnelle Generationsfolge. Die von uns verursachten chemischen Veränderungen in Wasser und Luft, die uns krankmachen, können Insekten nicht gefährden, genausowenig wie die Erhöhung der Radioaktivität. Im Gegenteil – damit erhöht sich auch die Mutationsrate und damit das Tempo der Anpassung. Je kürzer das Einzelwesen lebt, desto höher sind die Chancen der Art. Wir Menschen bringen uns mit der Erhöhung der Lebenserwartung des einzelnen planmäßig an den Abgrund. Und falls die Ortung des sogenannten Unsterblichkeitsgens keine Ente ist, so ist es das Todesurteil für den Homo sapiens. Ist auch richtig so. Ich meine, was soll's: den Enkeln den Platz an der Sonne wegnehmen! Aber auch hier ist die Zukunft bei den Insekten in guten »Händen«, sie sind sozial vorbildlich organisiert. Wir brauchen uns also keine Sorgen zu machen um die Welt. Nur um uns.

HANS-DIETER SCHÜTT: *Wieder das alte Thema: Katastrophen sind die besten Lehrmeister. Und der Mensch hat keinen Sinn für Strategien. Na ja, eine Ausnahme gibt es: Bei der Kriegsvorbereitung, bei der Entwicklung neuer Waffen hat der Mensch immer sehr, sehr strategisch gedacht. Ganze Jahrhunderte voraus wurde da schon gedacht! Da wurde Wohlstand nur so geopfert, um vorzubauen. Ich verwende dieses Beispiel, wohl wissend, daß selbstverständlich niemand Geld in Rüstung stecken würde, nur weil er glaubt, daß er angegriffen wird, sondern weil er ganz schön Geld dabei verdient. Das ist die treibende Kraft. Also müssen wir vielleicht das, was für die Menschheit langfristig wichtig ist, so lukrativ machen wie die Kriegsvorbereitung. Dann werden alle auf diesen Zug aufspringen.*

GERHARD GUNDERMANN: Das klingt bekannt. Der materielle Hebel. Aber der wird nicht funktionieren. Es ist für niemanden lukrativ, Geld und Kapazitäten einzusetzen, um die Katastrophen zu verhindern, die die nächste Generation auslöschen. Die ist ja noch nicht in der Lage zu bezahlen. Von was auch. Das ist ja die Mehrwertslüge. Der Gewinn ist doch nur gepumpt. Herausgepumpt aus der Zukunft. Da kann nur noch der Hahn zugedreht werden. Das geht nur über den geistigen Hebel, also wenn das gesellschaftliche Bewußtsein die Kontrolle bekommt (und die Kontrolle will!) über die Kräfte des Marktes. So 'ne Art Notstandsgesetze. Und: Wir werden eine Änderung nur hinbekommen, wenn es uns gelingt, die jetzt wirkenden, restriktiven Kräfte für die Umsteuerung zu gewinnen.

HANS-DIETER SCHÜTT: *Also, mal anders gesagt: Das ganze Ding geht nur mit Typen wie Kanzler Kohl, nicht allein im Kampf gegen sie. Kräfte von außen, die sozusagen als neuer Schub kommen, die existieren nicht.*

GERHARD GUNDERMANN: Ja sicher. Nur mit Kohl. Ich meine, falls der kein eingeschleuster Terminator ist, kann man doch davon ausgehen, daß der seine Enkel nicht verheizen will. Und blöde ist der auch nicht. Das hat er doch bewiesen. Es geht ja im übrigen nicht gegen Leute, es geht gegen Strukturen. Kapitalismus ist doch kein Fettsack mit Zylinder, sondern ein Prinzip. Das kann man doch abschaffen. Nicht Kopf ab, sondern Geld weg. Das geht nicht nach dem Motto: Alle gegen einen, das geht nur: Alle oder keiner. Also auch Kohl. Und besser wäre, er vorneweg.

HANS-DIETER SCHÜTT: *Du meinst, was wir uns nicht vorzustellen wagen, passiert auch nicht.*

GERHARD GUNDERMANN: Genau. Aber wir können uns gar nicht vorstellen, was wir alles anstellen können. Ich meine das in jeder

Beziehung. Wir gießen alles in Beton, und dann steht uns das Zeug im Weg. Die Sicherheit in der lebendigen Natur besteht in der Regenerationsfähigkeit, wenn etwas gescheitert ist. Diese Fähigkeit ist uns abhanden gekommen.

HANS-DIETER SCHÜTT: *Die Leute wollen nicht – so heißt es allenthalben. Oder: Erst wenn alle dran glauben müssen, entsteht wahrscheinlich Solidarität.*

GERHARD GUNDERMANN: Ja. Laß mal das Ozonloch wachsen und die Ansage durchkommen, daß man nur zehn Minuten im Sommer an die Sonne darf. Dann kommt die Mehrheit in Bewegung. Ob's dann noch was nützt, ist eine andere Frage. Aber ich will das mal positiv formulieren: Hat man erst mal einen Gedanken in Umlauf gebracht, kommt auch das Nach-Denken. Ich glaube, daß Leute anzustecken sind. Der Mensch muß selbstbewußt wie ein Virus sein: Ich bin ganz klein, aber morgen ist eine ganze Stadt krank. So was geht auch mit Ideen. Wichtig ist, daß Menschen nicht erschrecken vor einer Idee.

HANS-DIETER SCHÜTT: *Würdest du die Benzinpreise erhöhen?*

GERHARD GUNDERMANN: Unbedingt.

HANS-DIETER SCHÜTT: *Und da redest du davon, du wolltest die Leute nicht erschrecken?*

GERHARD GUNDERMANN: Die Behauptung, die Leute würden dadurch erschreckt, ist nur ein Gerücht, das von denen verbreitet wird, die erschrecken, wenn die Benzinpreise erhöht werden.

HANS-DIETER SCHÜTT: *Dieser Physiker Dürr hat die Idee mit der 1,5-Kilowatt-Gesellschaft. 5,4 Milliarden Menschen leben auf dieser Erde. Er hat sich überlegt: Wie hoch ist das Öko-Budget pro Kopf, wenn ich die Gleichberechtigung aller Menschen garantieren will? Es gibt einige Schlüsselgrößen, er konzentriert sich beispielsweise auf Energie und kommt auf 1,5 Kilowatt. Das ist ein Viertel des Verbrauchs, den wir im*

Moment in Europa haben. 1,5 Kilowatt sind 13 000 Kilowattstunden pro Tag. Nun empfiehlt Dürr, sich eine Liste zu machen, was man so im Alltag braucht. Hinter alles wird ein entsprechender Energiebetrag geschrieben. Er möchte den Menschen gern sagen: Nun schreit nicht gleich – Steinzeit! Die Steinzeit läge bei 150 Watt!

GERHARD GUNDERMANN: Ich finde auch: Einsparung bedeutet keineswegs ein Leben in Sack und Asche. Es geht um sinn- und lustvolle, von Mitgefühl getragene, realisierbare Lebensstile. Es gibt eine andere Studie, die einen Mindest-Energiesatz festlegt, der für jeden Menschen dieser Erde gelten würde. Demnach kannst du zum Beispiel täglich zehn Kilometer fliegen oder 20 Kilometer Auto oder 50 Kilometer mit Bus bzw. Bahn fahren. Im Sommer fahre ich konsequent mit dem Fahrrad auf Arbeit. Das sind genau zwanzig Kilometer. Nur wenn ich zu spät dran bin, nehme ich das Auto, oder bei starkem Regen, denn das ist ja das Bescheuerte bei den West-Fahrrädern – da rutschen die Dynamos, wenn's regnet. Also rechnen wir 90 Tage im Jahr, die ziehe ich per Pedale durch. Da kann ich mir, wenn ich ansonsten bei meinem täglichen Limit bleibe, eine Autoreise von 1800 Kilometern zusammensparen oder in zehn Jahren einen Flug nach Kuba. Eigentlich reicht das. Trotzdem: Es macht ungeheure Mühe, ja es ist fast unmöglich, so ein Limit einzuhalten, und da bin ich schon einer derjenigen Spinner, die sich wirklich bemühen. Also das ist das, was einen so traurig macht: Du kennst die Wahrheit, du weißt, wie es um diese Erde und diese Menschheit bestellt ist – und du kannst doch nur wenig tun. Es sei denn, du wirst zum Outlaw. Aber wie soll einer Outlaw werden, der Familie hat! Ich kann mich ja schon daheim nicht durchsetzen mit meinen Philosophien. Daß ich's nicht kann, hat freilich auch Vorteile: Man wird toleranter. Und es bleibt ja der Satz, der immer möglich ist, auch wenn wir wissen, daß es nicht zum guten Ende kommen kann: Man muß es doch wenigstens versuchen dürfen!

HANS-DIETER SCHÜTT: *Und wer soll bei all dem den Anfang machen?*

GERHARD GUNDERMANN: Na, ich. Und du. Und Müllers Kuh.

HANS-DIETER SCHÜTT: *Wie würdest du Entwicklungshilfe betreiben?*

GERHARD GUNDERMANN: Gar nicht.

HANS-DIETER SCHÜTT: *Wie würdest du jetzt, da wir über ziemlich ernste Probleme gesprochen haben, noch einmal die Frage beantworten, was Musik kann.*

GERHARD GUNDERMANN: Du meinst sicher, was ich kann. Solange das Gute-Laune-Radio die Löcher nutzt, um die Menschenherzen mit Dünnschiß abzufüllen, solange mach ich ein hoffentlich anderes Angebot. Es ist aber kein Sonderangebot. Da kam mal eine Tante von der Zeitung und fragte mich: Was machen Sie denn so für Lieder? Ich sage, ich hoffe, daß ich Volkslieder mache, da sagt die: ach so, zum Mitklatschen und so … Wir sind eine Randgruppen-Combo und werden es sicherlich bleiben, und wenn wir keine mehr sein sollten, müssen wir uns wahrscheinlich fragen, was wir falsch gemacht haben.

HANS-DIETER SCHÜTT: *Noch mal: Was kann Musik?*

GERHARD GUNDERMANN: Musik ist ein Bohrer. Du kannst damit Löcher machen in menschliche Herzen. Wo 'n Loch ist, kann was rein. Oder raus.

HANS-DIETER SCHÜTT: *Gute-Laune-Radio – das klingt sehr milde gegen eine tägliche Verdummung höchsten Grades, freilich weniger im Radio als im Fernsehen.*

GERHARD GUNDERMANN: Zwei Sachen dagegen. Erstens: Du kannst dich durch alle Kanäle schalten und dir je nach Belieben ein intellektuell anspruchsvolles Programm zusammenstellen oder auch nur eins für Idioten. Das liegt in deiner Hand. Die Fernbedienung. Und dann ist es doch nicht nur bequemer, sondern auch energiesparender und weltschonender, wenn ich mich an Costeaus Kamera anklemme und nicht mit Millionen anderen an den Korallenriffen herumkratze. Wenn wir in die Ferne sehen können, müssen wir doch nicht hinfahren. TV ist ein erstklassiges Surrogat. Das Prinzip Fernsehen ist genauso wertfrei wie das Prinzip Musik oder das Prinzip Faß. Es kommt immer darauf an, was drin ist.

HANS-DIETER SCHÜTT: *Was hältst du von Träumen?*

GERHARD GUNDERMANN: Nachts?

HANS-DIETER SCHÜTT: *Ja.*

GERHARD GUNDERMANN: Im Traum wird das Bewußtsein abgeschaltet. Und damit die Beschäftigung mit dem, was gerade ist. Die Seele übernimmt die Schicht und tastet Raum und Zeit in alle Richtungen ab. Sie sucht Kontakt zu dem, was war, was sein wird und was im parallelen Universum gerade geschieht. Kurz gesagt: Sie telefoniert mit Gott.

HANS-DIETER SCHÜTT: *Du hast mal gesagt, Gott reize dich.*

GERHARD GUNDERMANN: Ja, weil ich denke, er ist der Versuch, einen Weltzusammenhang zu personifizieren. Und ich würde, wie gesagt, gern einen Zipfel erhaschen von dem Zusammenhang, der die Welt noch in Gang hält, der vielleicht so eine Art ausgleichende Gerechtigkeit schafft. Erkennen, wo diese Strukturen und Felder sind.

HANS-DIETER SCHÜTT: *Bist du noch Optimist?*

GERHARD GUNDERMANN: Der Optimist glaubt, daß er die Welt verändert, indem er in sie eingreift. Die Esoteriker sagen, daß man die Welt verändert, indem man sich ändert. Ich glaube, daß ich mich ändern kann. Da bin ich optimistisch. Oft nehmen wir Scheitern zu absolut. Oft entspricht unser Handeln doch dem Versuch, einen Nagel einzuschlagen. Ich schlage einmal, zweimal, und ich sehe, der Nagel ist nicht drin. Ich muß einfach wissen, daß es mehrere Schläge braucht, um einen Nagel einzuschlagen, und ich bin eben nur derjenige, der einen Schlag macht, irgendwo in der langen Kette von notwendigen Schlägen. Das heißt, was wir oft als Scheitern bezeichnen, ist kein echtes Scheitern – denn die Welt hat sich trotzdem verändert, man ist mit einem Problem umgegangen und hat die Schwierigkeiten gesehen, man hat seine Strategien neu überdacht, seinen Weg etwas abgeändert, aber man geht mit neuer Erfahrung weiter.

HANS-DIETER SCHÜTT: *Aber wenn gesellschaftliche Systeme in die Krise kommen, besteht die größte individuelle Schuld immer darin, daß man nicht früh genug die Zeichen erkannt hat. Die bleibende Frage: Wohin nun mit den Schuldgefühlen?*

GERHARD GUNDERMANN: Nirgendwohin. Behalten. Aufheben. Wenn man seine Schuld irgendwo abladen könnte, so ablaßbrieftechnisch, wäre man ja immer aufs neue unschuldig. Man hätte das Recht, jeden Tag denselben Fehler zu machen. Dazu sind wir aber nicht hier. Nur wer jeden Tag einen neuen Fehler macht, lernt was dazu.

HANS-DIETER SCHÜTT: *Was wirst du unbedingt noch mal schreiben ?*

GERHARD GUNDERMANN: Einen Film. Zusammen mit der Seilschaft.

HANS-DIETER SCHÜTT: *Und allernächste Pläne?*

GERHARD GUNDERMANN: Eine neue Platte, ein Stück am Theater. Und: den Weihnachtsbaum in die Wiese setzen. Der steht seit Neujahr auf der Terrasse und wartet auf das Ende vom Frost.

HANS-DIETER SCHÜTT: *Was ist das für ein Koffer, den du ständig mit dir herumträgst? Es gab keinen Gesprächstermin zwischen uns, bei dem du nicht dieses Blechköfferchen dabei hattest.*

GERHARD GUNDERMANN: Dieser Koffer hat zu tun mit Gewohnheiten: Ohne meine täglichen Rituale kann ich nicht leben. Wenn ich ein Auto kaufe, gehe ich mit der Blechtasse zum Händler und suche den Wagen danach aus, ob da ein Halter für die Tasse ist. Diese Art Regeltreue ist für mich die einzige Chance, nicht Opfer meines mangelnden Erinnerungsvermögens zu werden. Der Schlüssel, den ich nicht mit Karabinerhaken an mir festbinde, ist verloren. Aber ohne Schlüssel wiederum bin ich verloren.

HANS-DIETER SCHÜTT: *Übrigens: Jetzt läufst auch du schon mit so 'nem Funktelefon rum …*

GERHARD GUNDERMANN: Das ist der Karabinerhaken, an dem ich an der Welt hänge. Daß ich ihr nicht verlorengehe. Und der Beginn der globalen Vernetzung, die erste Phase der planetarischen Intelligenz.

HANS-DIETER SCHÜTT: *Wir wollten über deinen Koffer reden. Was ist da in dem Koffer drin? Machst du mal auf?*

GERHARD GUNDERMANN: Ja, also den Koffer trage ich immer bei mir. Immer! So, guck her. Brillenputzspray, Eßbesteck von meinem Vater, Kabelknipser, Wasserpumpenzange, Bandmaß, kleiner Löffel, kleiner Phasenprüfer, Kugelschreiber, zwei Taschenmesser, Dietrich, Fingernagelputzer, Feuerzeug, ein großes Messer für Gummiarbeiten im Betrieb. So, dieses Fach hier ist variabel. Brotbüchse, Teeschachtel mit Melissentee, Salz- und Pfefferstreuer von meinem Vater, noch aus dem Weltkrieg. Hier drüben habe ich meistens die Mineralwasserflasche mit Blechtasse, und hier ist sozusagen das Schreibtischfach: Notizbücher, Bedienungsanleitung fürs Auto, Bleistift, Diktiergerät. So, das ist mein Überlebens-Set.

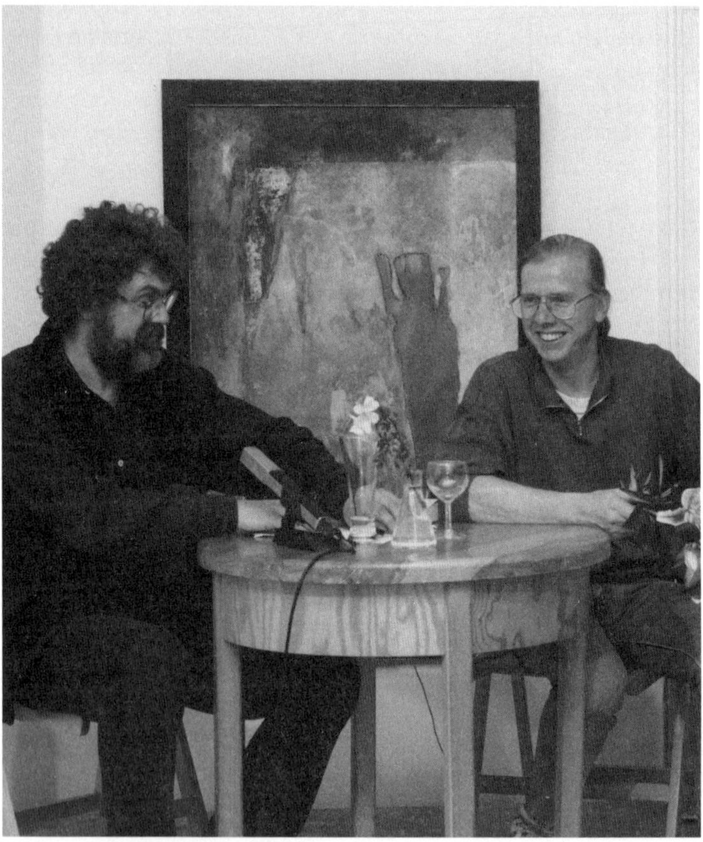

Das sechste Gespräch

Risse in der Folie

Bei Holz ist alles so klar

Die Spur im Zeigefinger

Ein Stuhl zur Konfirmation

Wenn der Kuckuck ruft …

Wiener Würstchen für die Tochter?

So viel Liebe wie nur möglich

hier gab es billigen fusel auf marken
und genauso sehn wir heute auch aus
hier läßt man fremde nicht gerne parken
es sei denn sie geben einen aus
hier drehe ich meine kreise
wie ein fest verankertes schiff
hier führt mich meine reise
nicht weit aber tief

GERHARD GUNDERMANN
(aus »hier bin ich geboren«)

Dieses Gespräch fand am 27. Mai 1997
öffentlich in der Berliner Galerie »Zunge« statt.

HANS-DIETER SCHÜTT: *Gerhard Gundermann, der Name ist ein Synonym für träumerisch-poetischen Lebenswillen, für ungewöhnlichen Widerspruchsgeist. Was wurde jenseits der DDR und auch jenseits deiner Jugend – immerhin bist du ja nun auch schon über vierzig – mit diesem Widerspruchsgeist? Was ist daraus in mehreren Jahren Bundesrepublik geworden?*

GERHARD GUNDERMANN: Ich habe generell drüber nachgedacht, wie das ist mit Sinn und Unsinn von Angriffslust. Ob man sich noch, wenn man angegriffen wird, wehren soll oder nicht. Ich habe mich dafür entschieden, daß ich mich nicht mehr wehre – also wenn ich persönlich angegriffen werde. Aber ich setze mich natürlich zur Wehr, wenn die Kinder angegriffen werden oder Freunde und Kollegen. Wenn ich da fünfzehn Jahre eher drauf gekommen wäre, hätte ich vielleicht zu DDR-Zeiten nicht so viele Leute verprellt, die meine Verbündeten hätten sein oder mit denen zusammen ich hätte was machen können. Ich dachte, ich bin der große Macher. War ich aber nicht. Wenn ich mehr eingesteckt hätte, mit größerer Weisheit und Geduld, vielleicht wäre vieles anders gegangen, besser. Es ist aber jetzt nicht mehr von Belang. Du fragst nach Widerspruch und so. Ich weiß nicht, ich habe im rein Praktischen keinen so großen Grund mehr, mich zu wehren. Es ist eine Frage der Alternativen, die diskutiert werden. Ob mein Dorf Spreetal nun zu Sachsen oder zu Brandenburg gehört, das ist eigentlich völlig egal. Was soll ich mich da wehren? Da haben sich Leute viehisch aufgeregt, die einen wollten dahin, die anderen wollten dorthin, aber es ist unerheblich, in welchem Laden die Leute landen – weil beide Kommunen, zu denen man später gehört, verschuldet sind und sich keinen Kindergarten mehr leisten können.

HANS-DIETER SCHÜTT: *Beschäftigst du dich also nun mehr mit dir selbst?*

GERHARD GUNDERMANN: Ich beschäftige mich nicht mit mir selber. Ich beschäftige mich mit den Dingen, die gewesen sind. Ich muß darüber nachdenken, was ich alles angezettelt habe. Das ist eine Menge, und ich spüre so ein komisches Bedürfnis nach Bilanz. Ich finde nämlich nicht, daß das zu früh ist. Was man angezettelt hat, kann man nicht erst als Rentner bedenken.

HANS-DIETER SCHÜTT: *Du denkst darüber nach, wie du dich ändern kannst?*

GERHARD GUNDERMANN: Ich denke nicht darüber nach, wie ich mich ändere. Ändern heißt doch immer: Ich will keinen Schaden mehr anrichten, ich will, daß von nun an und von Grund auf alles gut ist, was ich tue. Nur aus dem Grunde nehmen sich Menschen ja vor, sich zu ändern. Aber es hat keinen Sinn, durch die Welt gehen zu wollen, ohne Schaden anzurichten. Da kommt man ja überhaupt nicht mehr vom Fleck. Wenn man sich vornimmt, durch die Welt zu gehen, ohne viel Schaden anzurichten, dann mußt du ja bei jedem Schritt aufpassen. Da denkst du nicht, ich will keinen Schaden machen, sondern denkst, latsche ich jetzt hierhin oder dahin. Sinnlos. Nein, es ist wirklich nicht so, daß ich mich mit mir beschäftige, sondern mit den Dingen, die mir gegenüberstehen. Ich nehme jetzt vieles wahr, was ich vorher nicht wahrgenommen habe. Das ist vielleicht normal und zwangsläufig so, wenn man älter wird – daß man den Frühling immer mehr ersehnt und immer intensiver erlebt.

HANS-DIETER SCHÜTT: *Du machst eine Umschulung zum Tischler. Was ist Holz für dich?*

GERHARD GUNDERMANN: In irgendeinem Film sah ich den Schauspieler Henry Hübchen als Bauarbeiter, und der sagte, Holz sei der beste Baustoff, denn im Winter ist er nicht zu kalt, im Sommer ist er nicht zu warm. Das stimmt. Zweitens ist es so: Wenn man annimmt, daß in allen Dingen Leben steckt, und davon gehe ich aus, dann ist es eigentlich bei Holz am ehesten klar. Instinktiv weiß das jeder Mensch, man geht ja gerade mit Holz anders um als mit vielen anderen Dingen. Man faßt es anders an. Man schont es mehr.

HANS-DIETER SCHÜTT: *Du hast immer deinem Talent mißtraut, wolltest nie allein von Singen und Schreiben leben. Diese Bipolarität gehört zu deiner poetischen Erscheinung. Und Arbeit war nie Arbeit schlechthin, sondern: Tagebau. Das ist etwas Besonderes. Nun bist du weg von da. Wird andere Arbeit genauso stark sein, dich von einem Leben nur als Musiker abzuhalten?*

GERHARD GUNDERMANN: Dieses Mißtrauen gegenüber dem Talent ist das eine, aber die andere Frage ist: Ich will nach wie vor eine Rückzugsmöglichkeit haben. Ich will, wenn ich merke, es geht nicht oder ich kann es nicht mehr oder die Leute wollen nichts mehr hören, nicht verbissen mein Zeug verkaufen müssen, weil ich davon leben muß. Ich will sagen, na gut, wenn es keiner mehr hören will, dann mache ich eben was anderes. Das war und bleibt der entscheidende Punkt. Diese Tür will ich mir immer offenlassen.

HANS-DIETER SCHÜTT: *Wie würdest du deine jetzige Geistesverfassung beschreiben? Du bist in einem wirklich neuen Koordinatensystem. Diese Riesenbagger, der Tagebau mit einem Riesenhimmel, alles, was du immer wieder beschrieben hast, ein Kosmos – er ist weg. Du mußtest umschulen. Nun stehst du vielleicht in irgendeiner kleinen Tischlerwerkstatt …*

GERHARD GUNDERMANN: Zunächst mal ist es so, ich bin quasi auf Empfang gestellt, mehr als früher. Ich habe zum Beispiel furchtbare Angst vor Papierkram und vor Geldsachen. Irgendwann stand mal eine Frau vom Finanzamt vor der Tür und wollte 475 Mark pfänden, ich bin völlig in den Sessel gefallen. Wenn so was meine Frau nicht macht, bin ich völlig erschossen. Ich verstehe also vieles nicht, will es aber begreifen! In Wirtschaftskunde jetzt, bei der Umschulung, da sitze ich und gucke und horche, während die anderen sagen, so ein trockener Stoff. Ich finde, das ist was Hochinteressantes. Ich habe also meinen zweiten Frühling auf neue Erkenntnisse verlagert, zur Zufriedenheit meiner Frau wahrscheinlich. Die sich davon versprechen kann, daß ich nun doch etwas praktischer werde in einigen Sachen. Mal sehen. Ich lebe trotzdem mein Leben weiter, wie ich es immer gelebt habe. Ich bin seit vier Wochen in meiner Werkstatt, und da ist schon was gepflanzt, wilder Wein, und ein alter Rasenmäher ist zu neuem Leben erwacht, auf der Wiese vor der Werkstatt. Mein Arbeitsplatz war immer ein Platz zum Leben. Zum anderen: Ich bin jemand, der nichts wegschmeißen kann. So, wie der Rasenmäher im Schuppen: Der stand da und wußte, die Werkstatt ruft irgendwann in fünf Jahren. Nun ist es soweit. Auch andere Dinge habe ich aufgehoben. Ich denke, diese Überflußgesellschaft stellt was her, und erst danach organisiert sie das Bedürfnis für ein Produkt. Mich reizen dagegen Dinge, die man ein ganzes Leben lang mit sich rumschleppt. Ich habe in der Wohnung von meinem Vater, als ich die nach seinem Tod auflösen mußte, die Lampe wiedergefunden, unter der ich schon mein erstes Märchenbuch gelesen habe. Sie steht jetzt auf meinem Schreibtisch, und den alten Musikschrank habe ich auch schon bereitgestellt. Wenn ich Zeit habe, werde ich ihn wieder aufarbeiten. In der Verwandtschaft hatte jemand Konfirmation. Das Mädchen ist nun genauso groß, wie es sein Leben lang sein wird, es wird nicht mehr wachsen. Da dachte ich, es wäre doch eigentlich interessant, wenn es ein eigenes Möbelstück hätte, das genau auf seine Größe berechnet wäre. Wenn ich ihm das zur Konfirmation schenken würde! Einen Stuhl zum Beispiel, den man also zur Konfirmation schenkt und an dem man noch sitzt, wenn man sein Testament schreibt. Also, daß man mit ganz wenigen Dingen sein Leben lang auskommt und daß die an Wert gewinnen und man eine tiefe Zuneigung zu ihnen entwickeln kann ... Mein Gesellenstück steht übrigens schon fest.

HANS-DIETER SCHÜTT: *Was wird das?*

GERHARD GUNDERMANN: Ich will einen Schaukelstuhl mit einer extra dafür entwickelten Leselampe bauen, und Ohren sollen dran sein mit Lautsprechern, es soll ein Möbel werden, das nie kaputtgehen möge. Als ein Teil des Zurückschraubens von Bedürfnissen, so wie man jetzt auch wieder ordentliches Essen zu kaufen versucht oder die Milch in der Milchkanne holt. Das ist was völlig anderes, als ich früher versucht habe. Früher rannte ich los, jetzt stehe ich und gucke mich um.

HANS-DIETER SCHÜTT: *Willst du dich mal selbständig machen als Tischler?*

GERHARD GUNDERMANN: Es wird mir nichts weiter übrigbleiben. Die Ideen, die ich habe, kann ich nur allein realisieren. Es kann aber auch völlig anders kommen. Ich weiß es heute noch nicht.

HANS-DIETER SCHÜTT: *Einer deiner Sprüche lautet: »Ich bekomme selten, was ich will, aber immer, was ich brauche.«*

GERHARD GUNDERMANN: Das Umfangreichste in der Wohnung meines Vater war ein Satz Stechbeitel und ein Satz Hobel. Ich habe jahrelang nicht gewußt, was ich damit soll. Jetzt weiß ich es. Alles klar?

HANS-DIETER SCHÜTT: *Das heißt, den Gedanken ein wenig erweitert: Man solle ruhig seiner Bestimmung entgegenleben. Irgendwann kommt der Punkt, an dem sich ein Sinn erweist, von dem man heute noch nichts ahnt.*

GERHARD GUNDERMANN: Ich denke, was kommen wird, kommt. Was nicht kommen will, kann man nicht zwingen. Wenn man es zwingt, dann schnippst es wieder zurück. Dann habe ich auch nichts davon.

HANS-DIETER SCHÜTT: *Der Tagebau, das waren »Männer, Frauen und Maschinen«. Das war eine fast archaische Gelegenheit für Freundschaften, für Reibungen der kräftigeren Art, für ein Sich-Abarbeiten miteinander und aneinander. Und jetzt?*

GERHARD GUNDERMANN: Ich war fünfzehn Jahre in Spreetal, und da war man fünfzehn Jahre mit denselben Leuten zusammen. Da hat sich wirklich was aufgebaut. Wo ich zuletzt war im Tagebau, da wechselten ständig die Leute, da wurde umgeschmissen und entlassen, also alle halbe Jahre ein Schwung Leute weg. Du konntest keine definitiven Beziehungen mehr aufbauen. Du hattest auch keine Lust mehr dazu, weil du wußtest, es ist eh gleich vorbei. Da hat sich untereinander nicht mehr viel getan. Meine spezielle Interessengruppe war auch weg. Irgendwie war ich der Jüngste von den alten Säcken. Da lagen die Interessen ziemlich weit voneinander weg. Jetzt ist es wieder anders, jetzt sind siebzehn Leute da, die es richtig wissen wollen. An der Hobelbank mir gegenüber ist ein Typ, über den müßte man ein Buch schreiben. Das ist der völlige Wahnsinn. Der hat seine Armeezeit 1990 in Bayern gemacht, hat dort eine Olle kennengelernt. Sie war Feldwebel, außerdem noch Zigeunerin, was offensichtlich eine sehr gute Kombination ist, die hat er geheiratet und ist eines Tages vor ihr geflüchtet. Seit sie auseinander sind, spielen sie das Spiel: Wer bringt wen zuerst in den Knast. Sie hat ihn 46 mal angezeigt. Voriges Wochenende kam er zitternd zur Arbeit. Ich fragte ihn, was ist los mit dir, warst du saufen in der Kneipe. Nein, nein, sagte er, meine Olle hat sich in Bayern ein großes Auto gemietet und kam an und wollte mich besuchen. Sie hat geklingelt, und er hat irgendwie Mittagsschlaf gemacht und nicht aufgemacht. Da ist sie zur Feuerwehr gefahren und hat gesagt, sie wohnt dort und dort und ist die Frau von dem, und sie hat die Schlüssel vergessen, und sie hat den Herd angelassen, man müsse jetzt unbedingt die Tür einschlagen. Jedenfalls saß er gerade auf dem Klo, da kam die Feuerwehr mit einem lauten Hieb durch die Tür ... Ich will jetzt aufhören damit, ich will nur sagen: Ich bin jeden Tag mit siebzehn Leuten zusammen, das sind so viele wie noch nie. Sonst waren es immer drei, und davon hat auch jeder in seiner Ecke gearbeitet. Also ich kriege so viel mit, auch wie noch nie, was so ringsum passiert, und ein ganzes Spektrum tut sich auf. Das ist wirklich sehr spannend.

EINWURF EINER FRAU AUS DEM PUBLIKUM: *Was mich sehr interessiert zum Beispiel, warum Herr Gundermann Adidas-Schuhe trägt.*

GERHARD GUNDERMANN: Ich bin geprägt von DDR-Zeiten. Ich habe nie mehr als 30 Mark für Schuhe ausgegeben. Die ich jetzt anhabe, das waren die einzigen, die für 20 Mark zu haben waren. Adidas? Ich gucke nicht so sehr auf Marken. Vielleicht ist das ja auch nur aufgemalt.

HANS-DIETER SCHÜTT: *Bist du trauriger geworden, in deinen Liedern?*

GERHARD GUNDERMANN: Das entscheidet der, der sie hört. Ich kann dazu nichts sagen, ich bin in den Kommentaren zu meinen Liedern immer schlechter als die Lieder selber. Ich weiß nicht, die Frage bekomme ich ja öfter gestellt, warum ich so traurig wäre. Vor fünfzehn Jahren habe ich das Programm »Männer, Frauen und Maschinen« gemacht, da sagte jemand zu mir, Herr Gundermann, haben Sie denn gar keine Freude auf Arbeit? Fand ich merkwürdig, die Beobachtung. Aber davon abgesehen: Ich denke, wenn ich traurig bin, habe ich die Augen am weitesten offen. Ich denke, daß ich in der Gesellschaft, die auf Erneuerung aus ist und immer nach vorne rast, so einer bin, der ein bißchen beweint, was so leichtfertig verbuddelt wird. So einer, der sagt: Laß uns doch vielleicht wieder ausbuddeln, was wir noch gebrauchen können. Aber so traurig, wie das nun klingt, bin ich ja nun wirklich nicht.

HANS-DIETER SCHÜTT: *Wie war dein erster Arbeitstag in der Umschulung? Hat der in dir schon Spuren hinterlassen?*

GERHARD GUNDERMANN: Ja, im dicken Zeigefinger. Ich habe einen halben Zentimeter tief reingesägt.

HANS-DIETER SCHÜTT: *Schon am ersten Tag mit Geräten gearbeitet?*

GERHARD GUNDERMANN: Mit der Säge.

HANS-DIETER SCHÜTT: *Wie geht ein Mensch wie Gundermann zu solch einer Umschulung? Beschreib das mal.*

GERHARD GUNDERMANN: Wie jeder andere auch. Aufgeregt, Schuhe geputzt, saubere Latzhose.

HANS-DIETER SCHÜTT: *Kannten dich dort alle?*

GERHARD GUNDERMANN: Ein paar schon.

HANS-DIETER SCHÜTT: *Du hast mal gesagt, liebenswert an diesem 20. Jahrhundert findest du, daß in ihm der Kampf des Aufhebens gegen das Wegwerfen stattfindet. Was meinst du damit?*

GERHARD GUNDERMANN: Das, was damit gesagt ist. Es ist das Jahrhundert des Wegwerfens. Liebenswert ist für mich deshalb der Versuch von Leuten, Dinge aufzuheben.

HANS-DIETER SCHÜTT: *Also im sehr direkten Sinne.*

GERHARD GUNDERMANN: Aufheben im Sinne von nicht wegwerfen.

HANS-DIETER SCHÜTT: *Du bist ein Mensch, der über die Autobahn fährt und dort einen toten Igel sieht und den aufhebt.*

GERHARD GUNDERMANN: Der war nicht tot, der hat noch gelebt.

HANS-DIETER SCHÜTT: *Machst du das immer noch?*

GERHARD GUNDERMANN: Ja.

HANS-DIETER SCHÜTT: *In deinem Lebenslauf für unser Buch hast du geschrieben: 1993 Umwandlung Gundermanns in einen Pflanzenfresser. Bist du noch Pflanzenfresser?*

GERHARD GUNDERMANN: Ja, irgendwas muß ich ja essen.

HANS-DIETER SCHÜTT: *Warum bist du Vegetarier geworden?*

GERHARD GUNDERMANN: Wenn man davon ausgeht, daß jedes Tier genauso eine Seele hat wie jeder Mensch, dann kann ich mich nicht hochspielen und die einfach auffressen.

HANS-DIETER SCHÜTT: *Bist du toleranter geworden gegenüber Leuten, die Fleisch essen?*

GERHARD GUNDERMANN: Ich kann ja nun nicht in der Kneipe mit einem Holzhammer rumgehen.

HANS-DIETER SCHÜTT: *Es gibt aber Leute, die haben Gundermann so kennengelernt.*

GERHARD GUNDERMANN: Ja. Es ist doch so: Jeder muß seine eigene Erfahrungen machen, mit seinen eigenen Erkenntnissen. Meine Frau sagt immer, ich weiß gar nicht, was ich kochen soll, das Kind muß ja ein bißchen Fleisch essen. Wir waren eingeladen bei der Verwandtschaft, und die hatten auf dem Hof ein Schwein. Es wurde gefüttert, und die ganzen Kerle lehnten drumrum und sagten, es solle fressen, damit es groß und dick wird, damit wir es eines Tages auffressen können. Das ist ein Unding. Meine Tochter hat quasi mit knapp fünf Jahren diesen Punkt, an dem sie fragt, was aus einem Schweinchen gemacht wird. Daß wir das aufessen, will sie nicht haben. Sie will also plötzlich ihre Lederschuhe nicht mehr anziehen. Meine Frau mußte sofort los, um mit ihr Stoffschuhe zu kaufen. Sie ißt keine Wiener Würstchen mehr. Sie hat sonst immer jeden zweiten Abend ein Wiener Würstchen gegessen. Dieses will sie nicht, und jenes will sie nicht. Bei Kindern ist das ja ein wenig problematisch, wenn sie kein Fleisch essen, weil sie doch noch im Aufbau sind. Wenn jemand hinter die Problematik steigt, muß er so und so leben, wenn jemand nicht dahintersteigen will, ist er auch nicht zu bekehren. Ein Kollege hat mir erzählt, er schlachtet immer die Karnickel für die ganzen Nachbarn, vor Weihnachen dann zwanzig bis dreißig Karnickel, da schickt er die Kinder mit dem Opa in den Garten, damit sie das nicht sehen. Jedenfalls kam sein Junge doch mal vorbei und sagte zu ihm, Mensch, Papa, der Hase wird immer länger. Weil er dem gerade das Fell über die Ohren gezogen hat. Für seine Kinder ist aber klar, wenn die Karnickel klein sind, können sie mit ihnen spielen, und wenn sie groß sind, kommen sie in die Pfanne. Jeder muß so leben, wie er denkt.

HANS-DIETER SCHÜTT: *Welches Verhältnis hast du zur Mehrheit?*

GERHARD GUNDERMANN: Ich lebe ja genauso wie die Mehrheit. Mir geht es ja nicht besser oder schlechter als allen anderen. Ich versuche nur permanent, an einer anderen Mehrheit mitzubasteln, sonst könnte ich mich einbuddeln. Das Problem ist, daß die Entscheidungen der Mehrheit immer Entscheidungen sind, die von Leuten gefällt werden, die nur so weit unterrichtet sind, daß sie eine Entscheidung in einer bestimmten Richtung fällen können. Das Problem, das ich mit der Mehrheit habe: Sie will zum großen Teil überhaupt gar nicht unterrichtet sein. Das ist eben so, und da muß man überlegen, warum das ist und was man dagegen tun kann.

HANS-DIETER SCHÜTT: *Ist das nach wie vor ein Grund, warum du auf die Bühne gehst.*

GERHARD GUNDERMANN: Ich weiß nicht, warum ich auf die Bühne gehe.

HANS-DIETER SCHÜTT: *Was denkst du denn, warum gehst du auf die Bühne? Versuch es mal zu erklären.*

GERHARD GUNDERMANN: Weil ich Lieder spielen will.

HANS-DIETER SCHÜTT: *Sind deine Bühnenträume noch immer auch Theaterträume?*

GERHARD GUNDERMANN: Nach wie vor stehe ich auf alle Verbindungen zwischen Musik, Text und Bildung. Auch Fotos interessieren mich unheimlich. Ich sage immer, unsere CDs haben ein Booklet, und das sind Gedichtbücher. Die Gedichtbücher kosten eigentlich 100 Mark, aber wer die CD dazu nimmt, hat 70 Mark Rabatt … Ich würde gerne Filme machen, ich würde gerne was mit Theater machen. Ich hatte im vorigen Jahr, wo ich noch gearbeitet habe im Tagebau, ein Angebot vom Theater Senftenberg. Ich habe das nicht realisieren können, aus Zeitdruck. Denn ich spiele ja genausoviel wie jemand, der professionell Musik macht. Ich stehe nicht weniger auf der Bühne. Das ist kompliziert zu organisieren, wenn man in Spreetal wohnt, die Band in Berlin hat und jede Probe immer 350 km Fahrt und den ganzen Tag kostet. Das frißt Zeit, und es bleibt nicht mehr so viel übrig. Schlaf muß ja auch mal sein. Zweieinhalb oder fünf Stunden reichen ja – nur nicht vier! Das zerstört die zweite Tiefschlafphase.

HANS-DIETER SCHÜTT: *Warum hast du in deinem Lebenslauf, in dem kurzen faktischen Überblick, den du für unser Buch selber zusammengestellt hast, beim Jahr 2003 drei Punkte gemacht? Drei Punkte für den imaginären Schlußpunkt.*

GERHARD GUNDERMANN: Die drei Punkte habe ich ja wieder weggenommen. Das mutet ja an wie: vielleicht. Ich meine aber nicht vielleicht. Das endet bei 2003.

HANS-DIETER SCHÜTT: *Und wieso gerade dieses Jahr?*

GERHARD GUNDERMANN: Habe ich durchgerechnet. Ich habe den Kuckuck gezählt. Wenn der Kuckuck ruft, mußt du mitzählen, so viele Jahre hast du noch.

HANS-DIETER SCHÜTT: *Bist du abergläubisch?*

GERHARD GUNDERMANN: Was ist denn abergläubisch?

HANS-DIETER SCHÜTT: *Beim Kuckuck mitzählen.*

GERHARD GUNDERMANN: Das ist nicht abergläubisch.

HANS-DIETER SCHÜTT: *Warum, sag mal.*

GERHARD GUNDERMANN: Wenn es regnet, nimmst du den Schirm, spannst ihn auf – ist das abergläubisch?

HANS-DIETER SCHÜTT: *Nein. Trotzdem ist es außergewöhnlich, daß du in deinem Lebenslauf mit einem Todesdatum endest.*

GERHARD GUNDERMANN: 2003 – das reicht doch zu.

HANS-DIETER SCHÜTT: *Denkst du oft über den Tod nach? Der Tod deines Vaters hat ja auch dazu geführt, daß du Kontakte wiedergeknüpft hast, die in deinem früheren Leben eine große Rolle gespielt haben.*

GERHARD GUNDERMANN: Ich denke nicht über den Tod nach. Ich denke über das Leben nach. Es wird ja absehbar immer kürzer. Das Gefühl, das man mit zwanzig hat, daß es unendlich weitergeht, das ist nicht mehr. Man versucht deshalb, rauszukriegen, weswegen man hier ist, was man machen muß und was man noch machen will.

HANS-DIETER SCHÜTT: *Gibt es etwas, das du deinen Kindern mitgeben möchtest – obwohl du ja ein Mensch bist, der von Erziehung, von auffälliger pädagogischer Beeinflussung sehr wenig hält.*

GERHARD GUNDERMANN: Meine Frau und ich versuchen eigentlich, immer da zu sein, wenn sozusagen Nachfrage besteht, wenn Hilfe gebraucht wird. Wir haben früher versucht, diese Hilfe ungefragt aufzudrängeln, das hat sich nicht so gut gemacht. Es geht um soviel Liebe wie möglich. Was kann man mitgeben. Wir betreiben mit unserem jüngsten Kind einen ziemlich großen Aufwand, versuchen da »rauszuholen«, was wir bei den anderen Kindern versaut haben. Es gibt zum Beispiel ein umfangreiches Ritual, wenn das Kind ins Bett geht. Bis zu ihrem vierten Geburtstag mußte jemand bei ihr liegen, bis sie eingeschlafen war. Das hat sich jetzt geändert.

HANS-DIETER SCHÜTT: *Hast du selber oft diesen »Abenddienst« übernommen?*

GERHARD GUNDERMANN: Wenn ich zu Hause war, ja. Meine Frau muß ihr drei Geschichten und ein Lied vortragen. Dann geht sie raus, und dann muß ich ran. Erst einmal wird über die Welt geredet, was ist heute passiert in der Welt. Zweitens, ich soll eine Geschichte erzählen aus der Zeit, in der ich klein war. Drittens eine Geschichte, die nicht wahr ist. Die muß immer beginnen mit »Nachts, wenn alles schläft ...«

HANS-DIETER SCHÜTT: *»Nachts, wenn alles schläft...« – eine Metapher, die von euch gekommen ist?*

GERHARD GUNDERMANN: Von der Tochter.

HANS-DIETER SCHÜTT: *Euch fallen da auch immer wieder neue Geschichten ein?*

GERHARD GUNDERMANN: Schwierig.

HANS-DIETER SCHÜTT: *Was würdest du deiner Tochter heute abend erzählen?*

GERHARD GUNDERMANN: Denke ich nicht drüber nach. Heute bin ich ja aus dem Rennen. Es geht nicht ohne die konkrete Situation.

HANS-DIETER SCHÜTT: *Kannst du beschreiben, was Glück für dich ist?*

GERHARD GUNDERMANN: Ich habe meistens das Gefühl, daß ich hinter einer Folie lebe, so daß ich gar nicht richtig höre und nur undeutlich sehe und nicht richtig wahrnehme. Manchmal gibt es aber einen Moment, da reißt die Folie auf, und ich habe das Gefühl, jetzt bin ich ganz nahe dran, jetzt kann ich das alles richtig hören und sehen. Diese Risse, das sind die Glücksmomente, vielleicht.

HANS-DIETER SCHÜTT: *Was wird nach deiner jüngsten CD? Schreibst du schon wieder etwas Neues?*

GERHARD GUNDERMANN: Ich habe immer etwas Neues.

HANS-DIETER SCHÜTT: *Bei »Frühstück für immer« war doch relativ früh ein Konzept da.*

GERHARD GUNDERMANN: Jede Platte ist anders, obwohl sie immer von uns ist. Ich habe einfach so den Gedanken, falls sich unsere Plattenfirmen einigen, daß wir vielleicht ein Konzert auf CD rausbringen können, das wir mit »Silly« gemacht haben vor zweieinhalb Jahren. Es sieht nicht schlecht aus mit dem Projekt. Danach würde ich gern eine Platte machen, wo ich jetzt schon einfach so Harmonien höre. Was anderes wird mir dann einfallen, wenn es angesagt ist.

HANS-DIETER SCHÜTT: *Was du singst, hat mit Helden zu tun, mit dem Verschleiß der Welt an Helden, Lancelot, der Samurai ...*

GERHARD GUNDERMANN: Im allgemeinen öffentlichen Bewußtsein spielen Helden eine große Rolle. Das hat mich immer interessiert, gerade in der DDR. Leute haben mich interessiert, die was anpacken, die was herstellen, die zu denjenigen gehören, an denen alles hängt, auch alles an Last. Deshalb habe ich schon als Piepel im Fernsehen so gern »Meister Falk« mit Wolf Kaiser geguckt. Aber jetzt würde mich interessieren, etwas über Leute rauszukriegen, die jeden Tag ganz anders ihren Alltag über die Runden kriegen müssen. Die da sind und einfach still und leise ihr mühsames Ding machen. Mich würde der weitere Verlauf von Gesellschaft interessieren, der nicht mehr abhängig ist von

Helden, sondern von diesen Leuten. Wie sind die Mechanismen, nach denen wir uns bewegen und von denen wir bewegt werden? Wie zum Beispiel gehen wir weltweit mit Arbeit um? Lothar Späth hat jetzt im Fernsehen referiert über den Standort Deutschland. Da war ich ziemlich hingerissen, denn das, was er sagt, stimmt völlig für das System, in dem wir uns befinden. Wenn wir das realisieren, wird dieses System noch schneller in den Abgrund führen als erwartet. Er ist ein völlig gewissenloser Technokrat, der Späth. Es ist alles richtig, was er sagt, und es ist ganz furchtbar. So nebenbei sagte er, man muß neue Zukunftstechnologien schaffen. Mich würde interessieren, wie die Entwürfe aussehen. Aber ich denke, daß keiner sagt, wie es weitergehen wird. Die werden schon wissen, wie es weitergeht, aber sie werden es nicht sagen wollen. Die Hurensöhne. Die nehmen die Menschen und die Natur raus aus ihren Plänen. Die wissen, das Boot ist voll, und die wählen aus, für sich, ganz klar. Die machen die Rechnung ohne uns alle. Eine Arbeitslosigkeit von 20 Prozent, die uns erschreckt, ist ja bloß eine Vorsichtsmaßnahme von denen; eigentlich wäre eine Arbeitslosigkeit von 70 Prozent normal, mehr Leute brauchst du nicht als 30 Prozent – wenn es so läuft wie jetzt, da die Betriebswirtschaft im Vordergrund steht. Das würde mich interessieren: Ob sich Kräfte finden können, die die betriebswirtschaftlichen Belange in den Hintergrund drängen.

HANS-DIETER SCHÜTT: *Günter Gaus hat vor vier Wochen, ebenfalls hier in der »Zunge«, auf die Frage, wie er sich Zukunft vorstellt, geantwortet: Er erwarte, daß eine relativ große Zahl von blutigen Konflikten auf diese Welt hereinbricht. Er sah das sozusagen als Gegenargument zum Gerede vom Ende der Geschichte. Zu Ende sei gar nichts, es würden Kräfte wachsen, die nicht wie bisher die erste und zweite Welt einholen, sondern diese erste und zweite Welt abschaffen wollen. Er sah das, so bitter es auch für die erste Welt werden könne, als zuversichtliches Zeichen. Der Sozialismus habe auch nur versucht, diese erste kapitalistische Welt einzuholen. Irgendwann kommt nun wirklich etwas, daß diese erste und zweite Welt zerschlagen und eine neue Gesellschaft errichten wird, die wenig zu tun hat mit den gegenwärtigen*

Produktionsbedingungen und Verteilungsprinzipien. Das, so Gaus, würde nicht abgehen ohne sehr, sehr schwere Kämpfe. Welchen Blick hast denn du für Zukunft, wie denkst du, was Zukunft sein wird?

GERHARD GUNDERMANN: Ich bin da zerrissen. Ich denke auch, die Logik der Geschichte sagt, daß Europa untergehen wird. Nun kann ich ja ruhig untergehen, mir würde das nichts mehr ausmachen. Aber es hängen meine Kinder und Enkelkinder mit drin, das ist das Problem, das ich habe. Deshalb würde ich schon ganz gern sehen, daß wir vorher die Kurve kriegen.

HANS-DIETER SCHÜTT: *Glaubst du, daß wir sie kriegen?*

GERHARD GUNDERMANN: Zum Glück entwickelt sich nichts logisch. Ich habe einen Film gesehen, da sitzen irgendwelche zum Tode Verurteilten in einem Keller, und da spielt sich zwischen zweien folgender Dialog ab: »Du, willst du noch ein paar Backpflaumen?« – »Nein, da kriege ich immer Magenbeschwerden.« – »Das ist doch jetzt egal, wir sind doch sowieso gleich dran.« – »Du weißt nie, was in der nächsten Minute passieren kann in diesem Leben.« Ja, es kann immer anders kommen. Das ist der Punkt, an dem ich an ein homöopathisches Weltsystem glaube. Es ist ja auf der Welt noch nie zur totalen Katastrophe gekommen, sondern es hat immer Kräfte gegeben, die das wieder ausgeschwungen haben. Da würde ich mich schon bereithalten. Ich nehme die Backpflaumen, wenn sie mir einer anbietet.

HANS-DIETER SCHÜTT: *Vielleicht ein Fazit dieses Gesprächs: Du hast mal gesagt, immer weniger Abenteuer zu wollen, statt dessen willst du sehen und in Ruhe gelassen werden. Der Satz stimmt also noch.*

GERHARD GUNDERMANN: So? Muß ich mal länger drüber nachdenken.

Heinrich Fink

Grabrede für Gerhard Gundermann (1955–1998)

27. Juni 1998 auf dem Waldfriedhof in Hoyerswerda

immer wieder wächst das gras
wild und hoch und grün
bis die sensen ohne haß
ihre kreise ziehn
immer wieder wächst das gras
klammert all die wunden zu
manchmal stark und manchmal blaß
so wie ich und du

Liebe Conny, liebe Mutter Edith, liebe Kinder, liebe Schwester Christiane, lieber Pille, liebe Feuersteins, liebe Seilschaft, zu denen wir ja doch im Sinne des Wortes irgendwie alle gehören: Die Seilschaft von Gundi. Wir haben ein Lied gehört, dem Stimme und Text fehlen müssen, weil der Sänger nur noch stumm dabei ist ... Wir sind hier, um uns gegenseitig zu helfen – das – was wir seit einer Woche wissen – auch zu begreifen. Gerhard Gundermann hat Gedanken an den Tod nicht umgangen, er hat sie umschrieben – keine dunklen Vorahnungen, sondern sie machten sein Leben erst recht lebendig ...

Aber wenn das unverhofft Unumgängliche geschieht, ist das Leben von Familie und Freunden unabänderlich verändert. Nun hat es den Tag gegeben, der nicht »gehalten hat, was er versprach«. Für Gundi rücken seit Sonntag, dem 21. Juni, Sommeranfang, die Zeiger nicht mehr. Der Tag, den Gundi so besonders liebte, weil es der längste Tag ist und die kürzeste Nacht. Sie wurde für ihn die Nacht, aus der er nicht mehr erwachte. Und die zärtlichen Zeilen: »... es ist noch alles offen, es ist noch alles drin ...« sind selber zu rinnendem Sand geworden. In Worten wie: »Ich habe keine Zeit mehr – ich nehme den Handschuh auf – ich laufe um mein Leben gegen den Lebenslauf« – kann ich keinen versteckten Abschied lesen. Ich verstehe sie als Beschluß, das Dasein durch sparsame Zeiteinteilung aufzuwerten. Die rotierenden Fragen – warum denn jetzt, warum überhaupt, warum so plötzlich ohne Abschied, warum denn dieser schrecklich leise Tod – müssen unbeantwortet bleiben.

Wir müssen uns eingestehen, wie unzureichend unsere Gedankenvorräte sind, wenn es um Trost angesichts so sinnlos frühen Sterbens geht. Wir können uns Nähe als Lebenszeichen geben und über den Verlust trauern, der die Familie am härtesten betroffen hat: Conny, die Kinder, Gerhards Mutter und Schwester, die Feuersteins. Was ist mit der »Seilschaft«, die – stabil ohne zu reißen – ihn doch nicht halten konnte? Was tun wir nun in den letzten Viertelstunden, wo Gundi noch zwischen uns ist? In rabbinischer Weisheit heißt es, daß Erinnern Leben vermehrt.

Diese Überzeugung wurzelt in vieltausendjähriger Erfahrung und ist keineswegs der Strohhalm, nach dem wir greifen, den Gundi längst zischeln hörte: »Nehmt Ihr wohl Eure Pfoten weg!« Wenn er seine Lieder als Lebensmittel verstand und mit der Band »Tankstelle für Verlierer« sein wollte, hatte er dabei vielleicht auch bedacht, wo getankt werden kann, wenn sein Tod die Seinen zu Verlierern macht? Erinnern ist die Möglichkeit, sich in der eigenen Geschichte nicht verlorengehen zu lassen. Vielleicht lernt man angesichts des Todes, sich sorgfältiger denn je für die verbleibende Zeit anzuseilen ... »Ich singe, also bin ich« – hat er ergänzt mit: »Ich werde gehört, also bin ich nicht allein. Das zweite ist das Wichtigere.« Er hat uns singend viel über sich anvertraut: Erst recht, als es die DDR nicht mehr gab, wo er widerständig, zornig und überzeugt seine Erkenntnisse für den Sozialismus ein- und umsetzen konnte, auch in mit Richard Engels Geduld beharrlich erstrittenem Dokumentarfilm, der 1982 doch noch gezeigt werden durfte. Er hat sich bereitwillig in Interviews geäußert, daß für ihn weiterhin Sozialismus der einzig mögliche Ausgang aus einer zerstörerischen Geschichte ist: nicht durch Ideologie, sondern durch das gesellschaftlich praktizierte Gegenteil von Egoismus ... An seinem »Ich werde gehört, also bin ich nicht allein« bleibt jeder von uns beteiligt auf seine ganz persönliche Weise – aber auch verpflichtet, ihn jetzt nicht ungehört im Grabe allein zulassen. Er hat uns singend anvertraut, wie er rückblickend die

Mutter dankbar bewundert, wie sie die Ehescheidung bestanden hat und unter großen Mühen die Geschwister ernährte.

Und dann hat er seine – vor allem wegen des lebensgefährlichen Bubenstreichs mit der 08 allzuoft geflickten – Flügel doch mutig ausgespannt, um mit Che und Tamara Kundschafter zu werden, für eine zum Frieden veränderbare Welt. Nicht blind, aber in riskantem Vertrauen wagte er deshalb auch die Konspiration. 1978 wird aus dem Singeklub Hoyerswerda »Brigade Feuerstein«, Baggerfahrerprüfung und erstes Parteiverfahren. 1983 ist Hochzeit mit Conny und den Kindern Yvonne und Steffen. Er hat im Hochzeitslied sein Glück mit Conny besungen – und es vielen anderen als Metapher gegönnt:

wenn du ein lautes herz hast
das fast die brust zerschlägt
weil es keine einsamkeit
und finsternis erträgt
und bin ich einmal ohne dich
und merke daß ich frier
ja dann bleibe ich bei dir

Er hat in Verse gebracht, daß er bei seinem verbittert verstummten Vater – fast zu spät – doch noch einmal Gehör gefunden hat. 1994 hat er dann einen Satz Hobel und Fleischerhemden aus den 20er Jahren als Erbe angetreten. Aber vergeblich hat er sich bemüht, den Kindheitsfilm an die »verlorene Glücksstelle« zurückspulen zu können.

vater sag ist in dem koffer
dem gelben noch
der alte projektor
ich spul den film zurück
bis zu dem tag bis zu jener stelle
als es noch nicht weg war das glück
hier muß es doch irgendwo sein
hier muß es doch irgendwo sein
hier irgendwo

1992 wird die Band »Seilschaft« gegründet, die Tochter Linda kommt auf die Welt und hat sich den Vater »aus seiner dicken Haut einfach ausgeschnitten«.

du bist in mein herz gefallen
wie in ein verlassenes haus
hast die fenster und türen weit aufgerissen
das licht kann rein und raus
ich hatte doch schon meinen frieden
aber du bist so ne laute braut
du hast mich wieder ausgeschnitten
aus meiner dicken haut

ich wußte wie die kugel rollt
und war nicht mehr interessiert
wenn der sensenmann mich abgeholt
hätte mich nicht geziert
meine pistole war geladen
mit dem allerletzten schuß
ich hab sie unterm kirschbaum vergraben
weil ich doch hierbleiben muß

du bist in mein herz gefallen
wie in ein verlassenes haus
hast türen und fenster weit aufgerissen
das licht kann rein und raus
ach ich dachte ich finde nie mehr
heim ins weihnachtsland
vielleicht kannst du mein lotse sein
halt mich an deiner hand

Martin dagegen brauchte Jahre, um den Vater zu finden und sich als Sohn entdecken zu können – und hat sich auf seine Weise daran beteiligt, Licht durch aufgestoßene Fenster und Türen fluten zu lassen. Genug der Daten, obwohl zu wenig gesagt ist …

Gundi hat in seinen 43 Jahren eigentlich zwei Leben gelebt: Baggerführer und Musiker, die Lieder sollten Seile sein. Er hat seine Zeit doppelt getimt. Er hat so intensiv gearbeitet, als ob er jungen Herzens doch schon mit 86 gestorben wäre. Zwischen zwei Welten pendle ich, so beschrieb er sich nachdenklich:

auf der einen hab ich den bagger ein dach
und eine sonne die sich zwischen schloten durchsägt
auf der anderen find ich bücher schreibmaschine und gitarre
auf der einen gibt es freunde und gegner
auf der anderen auch
steh ich auf der einen sehne ich mich nach der andern
und umgekehrt
diese lieder sollen seile sein zwischen beiden
und sie zueinander ziehen
so könnte ein doppelplanet entstehen namens
ZUKUNFT

auf dem stünde ein tisch
woran alle miteinander sitzen und reden können
die ihre fäden zu den seilen gaben
und sie hielten und dran zogen

Und dann nennt er viele Namen. Vielleicht sind die meisten von ihnen hier. Alle wollte er für das Experiment gewinnen, ob nicht doch der Schritt vom Menschsein zur Menschlichkeit gemacht werden könnte. Er jedenfalls glaube unbeirrt, daß der Mensch für diesen Sinn lebe. Das Aus im Revier, die Arbeitslosigkeit, die Umschulung zum Tischler, alles hat ihn viel Lebenskraft gekostet, aber ihm nicht den Mut genommen: Er hat ohne Pause weitergesungen, kein Stuhl blieb leer. »Wer Unfallstellen kennt, tut Unrecht, wenn er sie nicht nennt.« Denn es war seine Sorge, daß die neuen Bosse geldsüchtig den großen Unfall riskieren würden.

hier drehe ich meine kreise
wie ein fest verankertes schiff
hier führt mich meine reise
nicht weit aber tief
hier bin ich geborn

so wie ins wasser fiel der stein
hier hat mich mein gott verlorn
und hier holt er mich wieder ein

Gott war für ihn keine gemiedene Vokabel. Aber ich verstehe sie als Suche nach einem trigonometrischen Punkt, um die irdischen Verhältnisse sachgerechter vermessen zu können. Den Wunsch, in seinem Garten, hinter dem Haus beerdigt zu werden, können wir Gundi nicht erfüllen. Vielleicht aber rechnet er diesen Platz dazu …

Nun habe ich gesprochen, obwohl er sich ausdrücklich als Grabredner den Wind gewünscht hat. Aber hätte der aussprechen können, was Gundi sich als letztes Wort wünschte?: »Auf Wiedersehen.«

Du hast dich in unser Leben gesungen, dafür danken wir dir hier nicht zum letzten Mal. Conny sagt: »Du gehst zu deinem letzten Konzert.« Das für uns letzte Stück gehen wir mit dir.

Heinrich Fink am Grab:

»Wenn es jemanden gibt, und sei er auch ganz allein, der es wagt, in Übereinstimmung mit seinen Vorstellungen und Grundsätzen zu leben, dann werden viele andere Mut bekommen und ein wenig von ihrer Würde wiederfinden.« Elie Wiesel.

Am Grab, so heißt es, würde dem Verstorbenen »die letzte Ehre« erwiesen. Aber wie und womit?

Ich denke, daß wir, die wir von Gerhard Gundermann oft ermutigt worden sind, uns gegenseitig helfen, den Mut nicht sinken zu lassen. Diesen alten Segensspruch würde auch Gundi sagen – vielleicht sogar singen. Die letzten Worte am Grab sind für die Lebenden:

Keinen Tag soll es geben,
an dem Du sagen mußt:
niemand ist da,
der mir neuen Atem gibt.
Keinen Tag soll es geben,
an dem Du sagen mußt,
niemand ist da,
der mit mir um die Erde kämpft.
Keinen Tag soll es geben,
an dem Du sagen mußt,
niemand ist da,
der mir Hoffnung gibt.

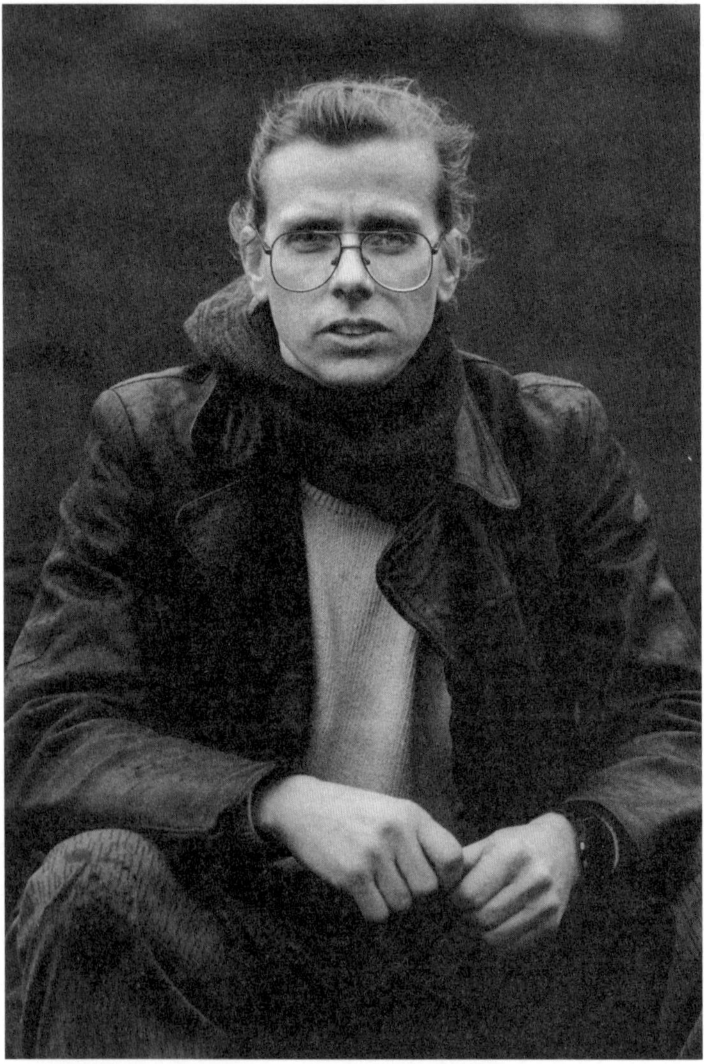

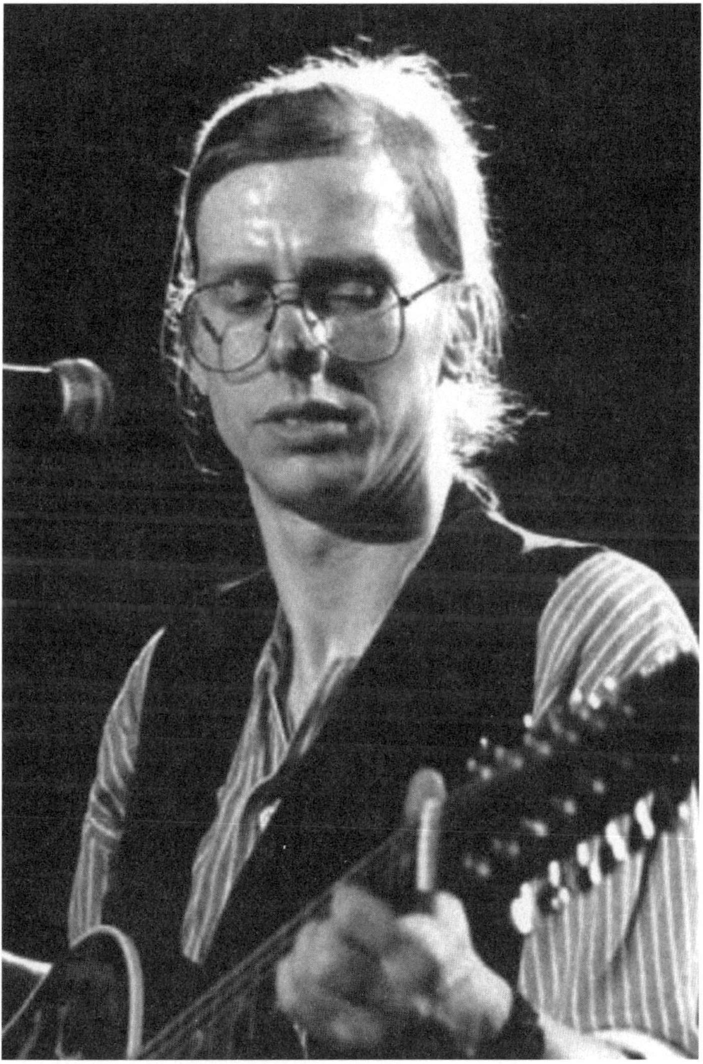

GERHARD RÜDIGER GUNDERMANN

Selbst angefertigter Lebenslauf, Stand: Februar 1996

1955 geboren in Weimar
1966 Scheidung der Eltern
1967 Umzug nach Hoyerswerda
1970 Erste Gitarre, Übung der Begleitung zu »House in New Orleans«
1971 Aufnahme in den Schulsingeklub, Übung der Begleitung zu »House in New Orleans«, Einsatz als Rettungsschwimmer im Waldbad Wittichenau
1972 Erste eigene Lieder, Übung der Begleitung zu »House in New Orleans«, Einsatz als Rettungsschwimmer im Waldbad Wittichenau
1973 Abitur, X. Weltfestspiele in Berlin, Studium an der Offiziershochschule Löbau
1975 Exmatrikulation, Hilfsarbeiter im Tagebau Spreetal, erste eigene Wohnung
1976 Abendschule zum Facharbeiter, inoffizielle Mitarbeit beim MfS
1977 Kandidatur SED, mit dem Singeklub nach Westberlin und Paris
1978 Mit dem Singeklub zum Festival des politischen Liedes nach Berlin, Aufführung des musikalischen Märchens *Raskasonien,* aus Singeklub Hoyerswerda wird *Brigade Feuerstein,* Baggerfahrerprüfung, Übernahme des Baggers 1417, erstes Parteiverfahren
1979 Umwandlung des Parteiausschlusses in »Strenge Rüge«
1980 Geburt des Sohnes Martin

1981 *Brigade Feuerstein* beim Anti-Atom-Camp der SDAJ, Richard Engel filmt, erster Urlaub mit Conny, Yvonne, Steffen und Martin, Tournee mit *Brigade Feuerstein* durch Schweden

1982 Erster Liederzirkus beim Liedersommer der FDJ mit Zirkus *Olympia,* Gerhard Schöne, *Brigade Feuerstein* und Freunden

1983 Hochzeit mit Conny und den Kindern, Aufführung von *Glücksland* mit Conny

1984 Ausschluß aus der SED, Beendigung der Mitarbeit beim MfS

1985 Verhältnis mit einem Motorrad mit Beiwagen

1986 Erste Soloauftritte als Liedermacher

1987 Hauptpreis und Preis der Schallplatte beim Chansonwettbewerb der DDR, Umzug von Hoyerswerda in einen Garten

1988 *Brigade Feuerstein* in Nowosibirsk, Anschluß der Hündin Lisa von Lügenstein und die Katzen Sascha, Tanja und Wasja an die Familie, Schallplatte *Männer, Frauen und Maschinen,* Mitarbeit am Projekt *Entdeckungen* am Staatstheater Schwerin, Conny hört auf zu arbeiten und organisiert die künstlerische Arbeit, Ausschluß aus *Brigade Feuerstein,* Projekt *Werkstatt für morgen* auf der Werkstatt der Singeklubs der DDR, Mitarbeit an der Platte *Februar* von *Silly*

1989 Auftritte mit Rockband, Auftritte mit der Band des *Oktoberklubs,* Programm *Erinnerung an die Zukunft* mit einer Kleinkünstler-Connection, Auflösung *Brigade Feuerstein,* Reise nach Kuba

1990 Kandidat für Vereinigte Linke zur Volkskammerwahl, Lisa von Lügenstein bringt zwei Welpen zur Welt, gemeinsames Projekt mit der Berliner Band *Wilderer,* Ende der DDR, Sascha kommt nicht mehr nach Hause

1991 Studioaufnahmen mit *Silly,* Familienurlaub in Dänemark, Yvonne beginnt eine Lehre zur Wirtschaftskauffrau

1992 Platte *Einsame Spitze* bei *Buschfunk,* Gründung der *Seilschaft* als Tourband, Geburt von Linda, Ende des Tagebaus Spreetal, Arbeit im Tagebau Scheibe, Mitarbeit an der Platte *Hurensöhne* von *Silly*, Yvonne zieht aus, Tanja kommt nicht mehr nach Hause

1993 Platte *7. Samurai* bei *Buschfunk*, Tourneen mit der *Seilschaft*, Projekt *Doppelkopp* mit Manfred Maurenbrecher, Umwandlung Gundermanns zum Pflanzenfresser

1994 *Leise-Lieder*-Tournee mit *Seilschaft*, Unplugged-Projekt mit *Silly*, Steffen beginnt Lehre zum Dachdecker, Tod des Vaters, Wasja kommt nicht mehr nach Hause, Totaloperation Lisa von Lügenstein

1995 Platte *Frühstück für immer*, Yvonne wird Mutter und Conny Großmutter

1996 ?

1997 ?

1998 ?

1999 ?

…

2003 Ende des Lebenslaufs

alle die kommen wolln solln kommen können
alle die bleiben wolln solln bleiben können
alle die gehen wolln solln gehen können

GERHARD GUNDERMANN
(aus »kommen und gehen«)